hito*yume book

教育維新

長州田中桂塾 第1弾

ドキュメント 算数・国語の「全員参加」授業をつくる

筑波大学附属小学校 田中博史
筑波大学附属小学校 桂 聖

文溪堂

山口

日々の授業の中で教師はいろいろ悩む。たとえば、あててほしくて思いっきり手を伸ばし力強い目で訴えてくるあの子どもたちの想いを私はどれだけ活かしてあげられているだろうかと。一人一人の自己実現を目指しいろいろな方法を試してはいるが、全員の想いを活かす授業づくりはそう簡単ではない。でもこれは教育界の永遠の課題の一つ。昨年、故郷山口県で同郷の桂氏と研究会を開いた。明治維新の原動力となった志士を育てた松下村塾の近くで、維新の先達に負けないぐらい熱い想いの先生たちにたくさん出会い、互いの悩みを交換し合った。最近、停滞していると言われる現場サイドからの問題意識に根差した研究会の機運をこの維新の地から今一度盛り上げていきたいと思ったのである。

新しい時代の幕がもうすぐあがる。でもその改革の方向を定める際、この国はもっと草莽（そうもう）の心に寄り添うことが必要ではないか。本書がそのきっかけをつくれたら嬉しい。

教育維新　長州田中桂塾　算数塾長　田中博史

田中博史先生と桂の「志」のルーツは、長州（山口県）にある。

長州の萩で松下村塾を主宰した吉田松陰。幕末の世を憂い、日本の将来を本気で考えていた。没後、その炎のごとき「志」は、高杉晋作、久坂玄瑞、伊藤博文ら、塾生に受け継がれ、明治維新の大きな原動力になった。本州の端っこの小さな町から、日本の世の中や未来を大きく変えたのである。

田中博史先生と桂は、山口県出身。二人の「志」も、吉田松陰のそれに通じている。山口県の公立小学校で教員生活をスタート。田中先生は1991年、桂は2006年、筑波大学附属小学校に転じ、自らの授業や教育を世に問い続けてきた。

今回、そんな二人が、ふるさと山口県を舞台に「長州 田中桂塾」を主宰する。いま、日本の教育は危うい。いまこそ、現場教員の草莽崛起（くっき）が必要だ。山口県の先生たちと一緒に、教育の明治維新を目指すという気概をもって臨みたい。

教育維新 **長州 田中桂塾** 国語塾長 桂 聖

第1章 算数×国語のコラボ講座・飛こ

1日目
2015年11月28日(土)

in 萩

山口県萩市　千春楽　別館味楽亭

2日目
2015年11月29日(日)

in 山口

山口県山口市立二島小学校

み授業

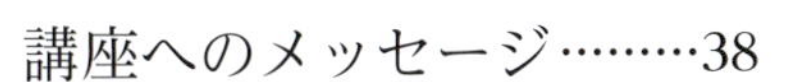

田中博史の算数授業

第2章

全員参加の授業づくりのための授業改革のポイント

第1章

2015年11月28・29日萩市・山口市で開催された

算数×国語のコラボ講座・飛び込み授業

山口宇部空港から萩へ。
途中、高速道を使わず、
歴史の道・萩往還を
通って北上。
幕末の志士たちの
銅像に見送られて
講座会場へと向かいました。

1日目
2015年11月28日（土）

山口県萩市　千春楽　別館味楽亭

田中博史 の実践講座

楽しさと学力定着の両立

～テストにも強くなる算数授業～

2015年11月28日
於：山口県萩市
千春楽 別館味楽亭

11月の半ばに1週間ほどデンマークに行き、現地の学校で算数の授業をしてきました。

北欧の子どもは、みんなおだやかで、ゆったりしていて、にこにこして私の授業を受けてくれました。

計算したあとのきまりを見つけよう、という授業をする予定で、オープニングに75－57の計算をさせたところ、22と答えた子が何人かいました。

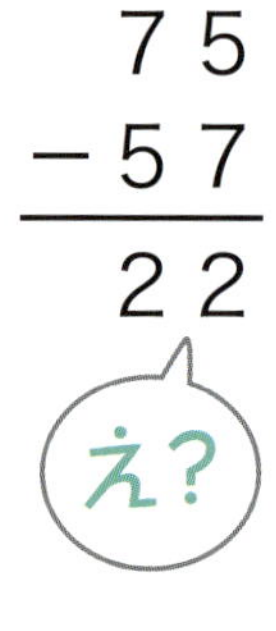

実は、北欧では、中学校3年生まで成績表がないところが多いそうで、学校でもテストをあまりしない傾向があるそうです。

私はテストを意識することは、教師が「自分の教えていることが子どもたちに届いているかどうか」をみる行為としてとても大切だと思います。

最近、国際調査の影響で、デンマークでもテストをし始めたそうですが、そもそも北欧の国々には「子どもと子どもを競わせるのはよいことではない」という文化もあるのだそうです。

さて、話を授業に戻します。

75－57の計算を22と言うから、

「75デンマーククローネを持って行って、57デンマーククローネのものを買ったら、22デンマーククローネのおつりを貰うんだね？」と聞き返してみました。

すると、何人かが「ん？」と首をかしげました。

つまり、イメージを持つと、急にそれを「変だ」と思うんですね。そこで、

「いまどうして首をかしげたの？」とたずねたら、
「75 だったら、55 のものを買ったとしても、おつりは 20 のはずだ」
「55 よりも高い 57 を買って、おつりが 20 より増えるのは変だ」と言ってくれました。

子どもがイメージを持つということは、このように思考の修正にも役立つし、考えるということにもつながると思うのです。

1年生や2年生の段階で、算数の文章に自分でイメージを持つことを、日本でも、もっともっとさせないといけないと感じています。

算数の文章にイメージを持っていますか？

実は、文章題カルタをつくったときも、同じことを思ったのです。

小学校1年生、2年生、3年生の間、日本の子どもたちは算数が得意なように見えています。ところが、4年生、5年生、6年生になると、実は算数が苦手なことがはっきり見えてきます。「10 歳の壁」という言葉もありますが、このあたりから算数に苦手意識を持つ子が増えてくるようです。

でも、私は小学校の1年生、2年生、3年生のときにも、考えていなかった子ども、実は算数が得意ではなかった子どもがいたはずだと思っています。

そう話すと、多くの先生方から
「でも、田中先生、1 年生のころは、みんなテストがよくできていますよ」と言われるのです。でも、1年生や2年生のころは、もしかしたら考えなくてもできるような問題ばかりやっていたのではないでしょうか。

たし算を習うときはたし算だけ、ひき算を習うときはひき算だけになっていますよね。だから、考えなくてもいいのです。

そのうえ、テストにはご丁寧に「たしざん」「ひきざん」と上に書いてありますからね（笑）。大人が親切にしすぎることで、考えなくても済む環境ができてしまっているのです。

だとしたら、子どもが「考えなければいけない場面」を1年生、2年生にも、もっとつくったらどうだろうと考えて、このカルタ遊びを思いつきました。

お話を聞いて絵札を取る、というカルタ遊びは、「読む・聞く・話す」の活動の連続です。

振り返ってみると、一般には、算数の問題文を読むのは授業のオープニングだけ。みんなで声を出して読んだらそれっきりということも多いのが実情ではないでしょうか。

カルタ遊びを通して、算数の問題文を声に出して読むことも、もっとさせてみたらどうでしょう。算数には算数特有の文章表現もありますからね。

では、体験してもらいます。

4人でグループをつくり、各グループでルールを決めて、子どもになったつもりで、このカルタで遊んでみてください。

（カルタ遊びで盛り上がる会場）

トラブルが言語表現を鍛える

このゲームのいいところは、相手が間違って取ったときに、「それ、違うよ」と説明しなければいけない場面が必然的に起きるところです。

「このお話にその絵だと合ってないでしょ？　だって、こうだから」と低学年の子どもたちも懸命に説明しています。

こうしてトラブルがあったときにこそ、説得するための言語表現がとても鍛えられるのです。

小学校の算数教育では、算数の内容だけを伝えればいいのではなくて、人間と人間の関わり方を教える役割もあります。

人間と人間の関わり方を教えるのは道徳ではないのか？　特別活動では？　と言われるかもしれませんが、算数の授業の中でも、子どもの交流活動を仕組むと、そのよい指導場面がたくさん生まれているのです。

算数の時間も、関わる力、関わる目を育てていくのだと思えば、教師の見方も変わってきます。

カルタ遊びのときに、わからない子にどうやってほかの子が関わっているか、読み手を自分で「やりたい！」と言っている子に、どうやって「順番に回そうよ」と言って説得しているかなど、気をつけて見ると、ご自分のクラスの状況がよく見えてくるはずです。

ときには、○○ちゃんがずっとカルタを取り続けるグループで

「○○ちゃん、今度読む係をやってよ」と促す子も現れます。

これはとてもよいアイデアですよね。

自分たちで差を埋めようとしています。

「じゃあ、今度は私が読む係をやるよ」と言って読み手を交代しているグループを見つけたら大いにほめてあげてほしいのです。

１年生、２年生の心の教育にも、教師の見守り方次第で、このゲームは役に立ちます。

では、今度は私が読み札を読みますから、皆さんで取ってください。

いきますよ。

（しばしゲームタイム。途中、お手つきで中断するグループが出現）

そこのグループがお手つきで止まっていますね。教室でも、お手つきをどうするか？でよくもめます（笑）。

お手つきをしたらどうしましょうか？

「１回休み」「いま取っている枚数から１枚出すことにしよう」という案が出ましたね。

子どもたちからも、決まってこの２つが出てきます。どちらにしましょうか？　そんなとき

「先生、１枚出すのはだめだと思います。手持ちが０枚のときがあるから…」と特殊な例を挙げて説明する子がいたら、大いにほめてあげてください。これも算数の思考にもつながる大切なシーンです。

こうして、ゲームの中でトラブルが起きたら、ゆっくりと立ち止まることがとても大切です。立ち止まりながら、先ほどのように場合ごとに分けて対策を考えているのだとしたら、思考力を育てている、とても意味のある時間になります。

ところが、教師がこうしたトラブルがあることに価値を見い出せないと、子どもの質問にイライラしてしまうのです。

算数の授業に限らず、子どもからの質問を

「なるほど、そう考えたのね」と、ゆとりを持って聞いてあげられるかどうかです。

ここで

「そういうことを、いま聞くんじゃないの！」と、叱ってしまったら、せっかくの「育つ」場面が消えてしまうと考えてみたらどうでしょう。

場面をイメージするように仕向ける

このカルタの読み札には、黒い文字と青い文字があります。

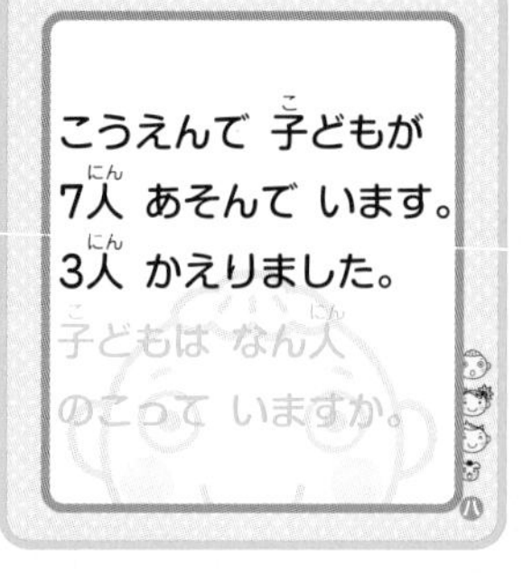

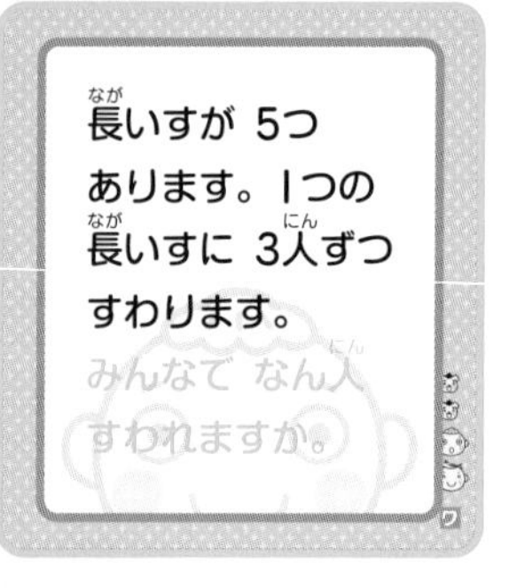

黒い文字は「場面設定」の部分、青い文字は「問いかけ」の部分です。

いま、私は黒い文字のところしか読んでいません。子どもたちにも、はじめは場面設定の黒い文字だけを読んでほしいのです。

子どもは問いかけの文を聞くと、問いかけのところだけを気にするようになります。つまり答えだけを大切だと思ってしまうのです。「何が何人」と対応して読むことに注意がいかなくなるのです。

先ほど低学年の算数の問題は「考える必然性がないものが多い」とお話ししましたが、小学校３年生くらいまで「何が何人」「何が何人」と、対応した読み方をしなくても、要するに合計や残りがあっていればよいという問題ばかりになってしまっていないでしょうか。

だから子どもは、出てきた要素の対応を読み取らなくても、テストのときに困りません。

割合などが出てきてはじめて「比べられる量はどれですか」とか、「もとにする量はどれですか」と、要素を読み取ることを課せられているのです。

低学年のうちから場面をイメージ化し、出てきた要素の対応に気をつけて読む習慣を身につけさせることが大切です。

右のカードで説明しますね。このカードでも
「合わせて何人いますか？」という問いかけの部分は読まずに、
「公園で子どもが遊んでいます。砂場に３人、ブランコに４人います」と場面設定の部分のみで止めてしまえば、子どもたちの関心は「答えを求めること」ではなく、「場面を考えること」に集中することになります。

いかがですか？　いまのカードはどれだかわかりますか？

（ざわつき出す場内。「え？こっち？」「それ、お手つきじゃないの？」ともめているグループもある）

どうしましたか？　次の問題を読みますよ？

「続きのシーソーは？」

（場内から質問の声があがる）

え？　続きのシーソーって何？

シーソー？　シーソーって知らないの？

教室でもこうやって聞き取り能力の低い子どもの役を教師が演じます（笑）。

失礼しました。もう一度、質問をどうぞ。

「シーソーがあると、別のカードになるので、続きにシーソーがあるかを聞きたかったのです」

いま、続きのシーソーって何？　と、とぼけたら、ムキになって表現を変えてきたでしょう？

表現力の育成を考えたときに、最初から話型をきれいに決めてやろうとするけれど、本人の中に伝えたいことが生まれない限りは、その表現力にはまったく迫力がないのです。

１年生、２年生だって、伝えたいことがあって、それが目の前にいる人になかなか伝わらないとなったら、いまのようにだんだんと表現を洗練させていきます。

「だから、まずこれを見るでしょ」と、子どもが自然に「まず」という言葉を使います。そのとき

「いまの言い方のように『まず』と順序を整理すると、とてもわかりやすいね」とほめてあげるのです。

形式を先に教え、それにあてはめるように発表させることが多いと聞きますが、それだとやらされていることになるので、非常に不自然な表現も出てきます。

もちろん学校教育はいろいろな側面を持ちますから、マナーや形式を教える時間もあっていいと思います。

ただし、物事を考えている時間帯に、形式を守ることを同時に強いると、子どもが使いきれないことが多いのも事実です。

ですから、話型指導は考えることが終わったあとで、たとえば、調べ学習で、調べてきたことを発表するような場面などで教えるというように区別してあげると、子どもにとっても負担が少なくなります。

大人でも、いま考えたばかりのことを話すのに、そんなに理路整然とは話せません。ましてや授業中によくわからないことがあったときに、
「すみません、今日の授業でわからないことが4つあります」なんて苦手な子たちはすぐには言えないでしょう？

最初は「先生、なんだかわからない」としか言えなくて、当たり前です。

考えているときの思考力と、物事を整理整頓するときの表現力を、私たち大人がちょっと区別してあげると、子どもも楽になるかな、と思います。

さて、カルタの話に戻りましょう。
「続きにシーソーがあるかどうか？」という質問が出ました。
続きはありません。
（場内がまたざわつく）
「公園で子どもが遊んでいます。砂場に３人、ブランコに４人います」と私は言いました。すると
「続きにシーソーがあるかどうか？」という質問が出ました。
「ありません」と答えました。

でも、ざわざわしている人がまだいますね。どうしたのでしょう？

では、このカードを持ってムキになっている先生に伺ってみましょうか。どうされましたか？（笑）

㋐

㋑

「私は、砂場に３人、ブランコに４人、シーソーに２人を取ったのですが、『砂場に３人、ブランコに４人』の問題文で、砂場に３人、ブランコに４人、シーソーに２人の絵があるカードを取っても正解なんじゃないのですか？」

なるほど。どうでしょうか？

「やはり言われたとおりでないといけないのでは？」

「砂場に３人、ブランコに４人は確かに絵にあるから、それ以外の情報がつけ加えられていてもいいのでは？」

「文から絵だったら、どっちでもいいが、絵から文にもどしたら違う読み札になってしまう」

「算数の文章題」といわれているものは、どのようにつくられているでしょうか。たとえば、「時速60kmの車があります。２時間走りました。」という文章題がありますね。

でも、この世の中に時速60kmの車だけしか走っていないわけではないですよね。たくさんの事象の中から、物事を選んで問題にしています。

たとえば、このカルタにしても、いま、この絵には入っていませんが、この公園には老人もいるかもしれないし、犬の散歩をしている人もいるかもしれませんよね。

だから、示された情報だけが一致していればよいと考えれば、㋑のカードも正解と言っている子の意見も納得できます。

逆に砂場に３人、ブランコに４人だけとなっていると考えるなら、㋐だけになります。

いずれにせよ、こうしたやりとりを子どもたちとして、「〜と考えるから〜」と決めていく活動自体に意味があると思うのです。

そういえば、わり算で

「15個のあめを５個ずつ分けます。あまりは何個ですか?」と聞くときも同じことが起きました。

15 個のあめを５個ずつ分けるというとき、
「５個取った」「５個取った」「だから残りは５個」とやっても実は正解です。
「15 個のあめをできるだけたくさんの人に５個ずつ分けたい」の「できるだけたくさん」とか「すべてくばるのだ」ということを最初にわり算に出合うときに話題にしておくことが大切だということがわかりますね。

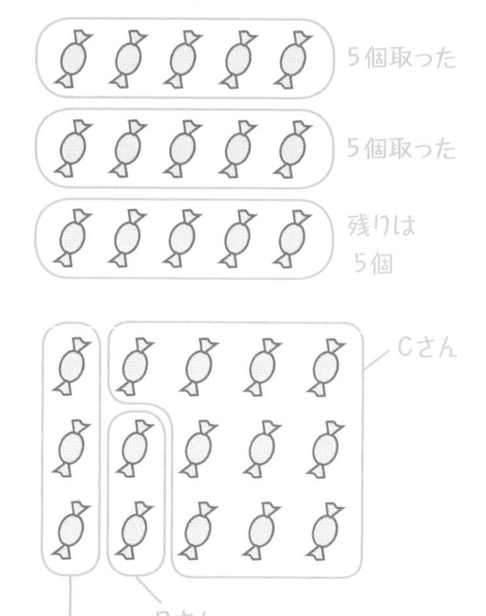

「15 個を３人で分けます」のときにも、いろいろな分け方がありますね。
「Aさんには３個、Bさんには２個、Cさんには残りの 10 個」だって３人で分けることになります。
だから、わり算のときには「同じ数ずつ分けます」という言葉が大切なんだよ、と押さえているのです。

いまのようなことが一度話題になると、次からは子どももすごく注意深く読むようになります。
すると、遠足の連絡なんて大変ですよ。私はいま1年生の担任ですが、「今度の遠足は、○○に集合します。雨が降ったら、△△に集合します」と言うと、
「先生、家を出るときは晴れていて、近くの駅に来たときに雨が降りだしたらどうするんですか?」なんて始まりますからね (笑)。
なんだか、へ理屈をたくさん言うようになって扱いにくそうですけれど、条件分けして考えるようになったのだと思えば楽しいのではないですか (笑)。

さて、わり算の話題が出ましたから、今度は、いま試作中の「わり算カルタ」をお見せしましょう。
同じようにいちごの絵が描いてあって、「３人で同じ数ずつ分ける」、「３個ずつ皿にのせる」という問題がありますね。
ちょっと探してみてください。

アのカードは、全体をいくつかに同じように分ける場合で、等分除といいます。1つ分×いくつ分と考えると、等分除は、□×3＝12の1つ分の数を求める計算になります。

イのカードは、全体をいくつかずつに同じように分ける場合で、包含除といいます。包含除は、3×□＝12のいくつ分にあたる数を求める計算になります。

日本の算数の教科書では「等分除」「包含除」をしっかり区別させています。

ア

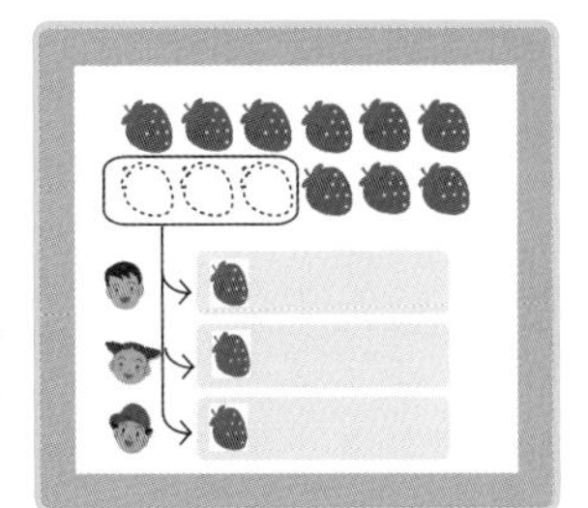

イ

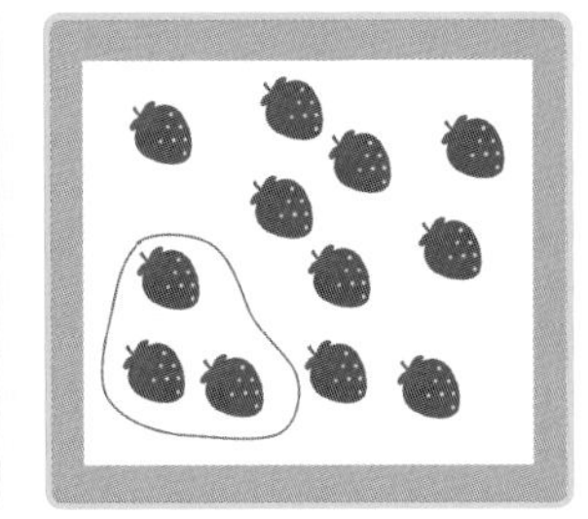

では今度は、A「鉛筆が15本あります。5人で同じ数ずつ分けます。」の絵と、B「鉛筆が15本あります。5本ずつ箱に入れます。」の絵を見比べてみてください。

A

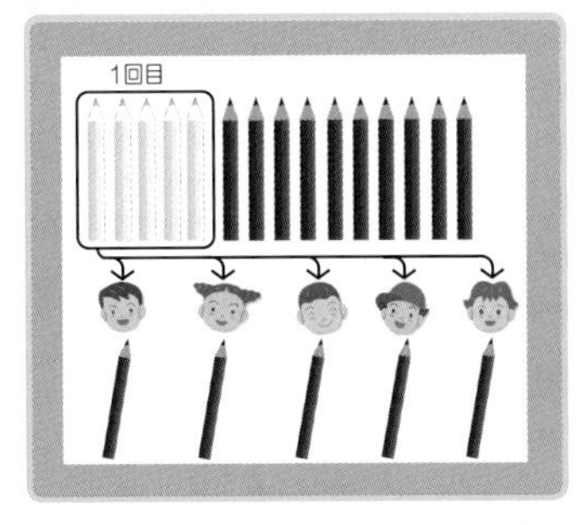

B

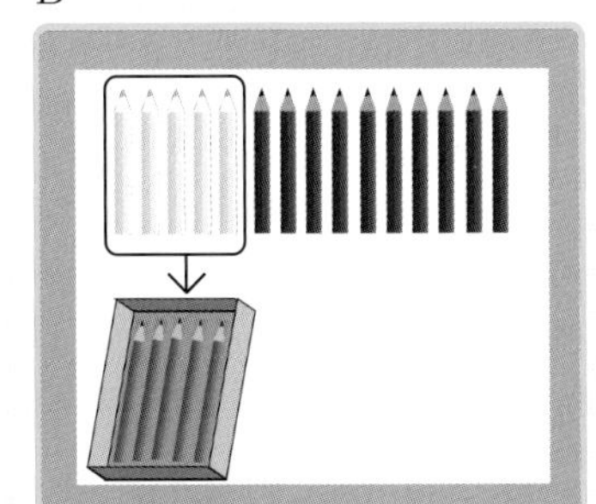

A「鉛筆が15本あります。5人で同じ数ずつ分けます。」のほうは、15本の鉛筆を持って、5人にまず1本ずつ配っています（1回目）。

まだ残っているから、また5人にもう1本ずつ配ります（2回目）。

さらにまだ残っているから5人にもう1本ずつ配ったら、鉛筆がなくなった（3回目）。

だから、15本を5人で同じ数ずつ分けたら3本ずつもらえた、というお話になります。

Aのカードの絵で表現しているのは1回目に5人に配り終えた場面です。「この続きがどうなるか、ノートにかいてみよう」と持ちかけて、右のように2回目、3回目の絵をかかせてみてもいいでしょう。

A

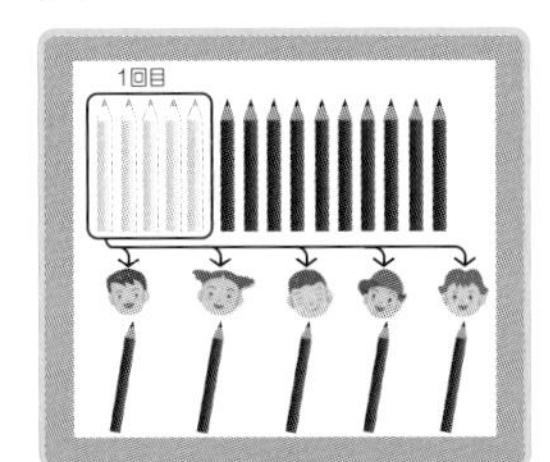

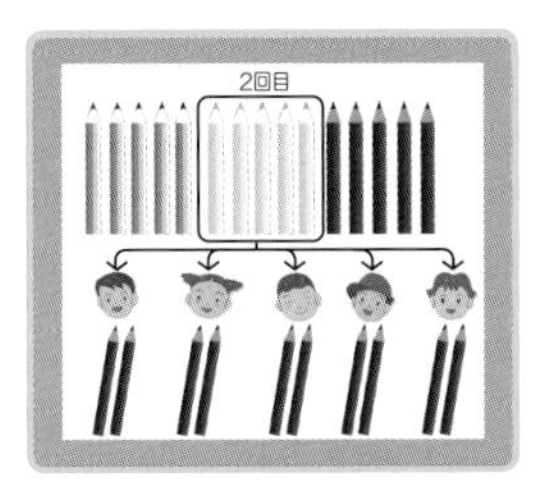

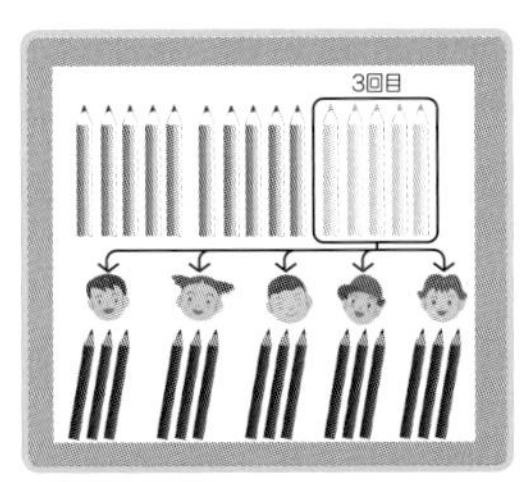

B「鉛筆が 15 本あります。５本ずつ箱に入れます。」のほうは、どうでしょうか。

５本ずつ箱に入れていったら、１箱目に５本、２箱目に５本、３箱目に５本入れて、15 本を入れ終える、というお話になります。Bのカードの絵で表現しているのは1箱目に５本入れた場面です。

こちらも、１箱目に入れたカードを見せて、右のように続きをかかせてみてもいいですね。

B

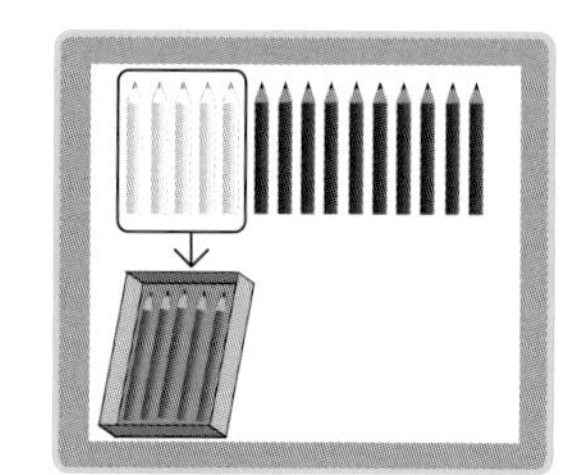

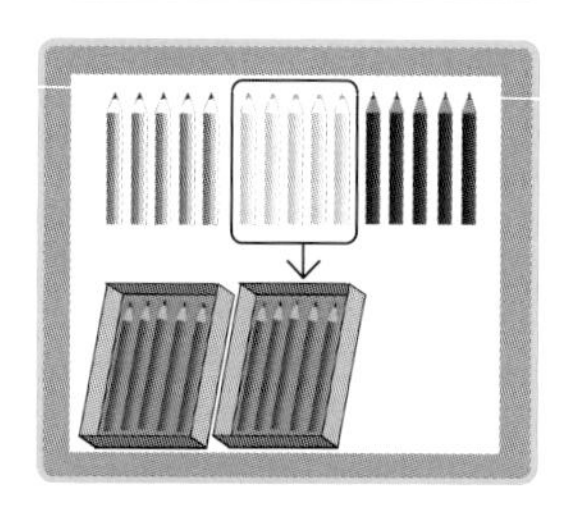

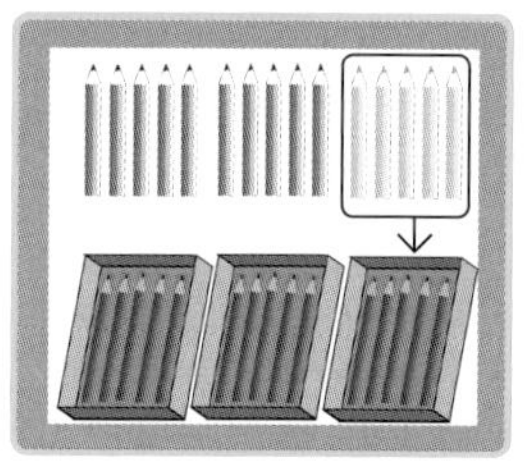

こうして比べてみると、等分除と包含除は大きく違う場面ですよね。

だから、子どもたちは心の中で

「どうしてこんなに意味が違うのに、一つの式なんだろう?」と不思議に思っています。

「５人で同じ数に分けたら３本ずつになる」

「５本ずつ分けたら３回取れる」

「１人分は３本なのか５本なのか全く違うのに、式は同じだ」

これが同じ 15 ÷５になることが、なんとなく気持ち悪いな、と子どもは思うのですが、あるとき

「先生！そうか！だから同じ式なんだ！」と、子どもが下の２枚の絵札を見て発見しました !!

15 ÷５って
こういうこと！

A

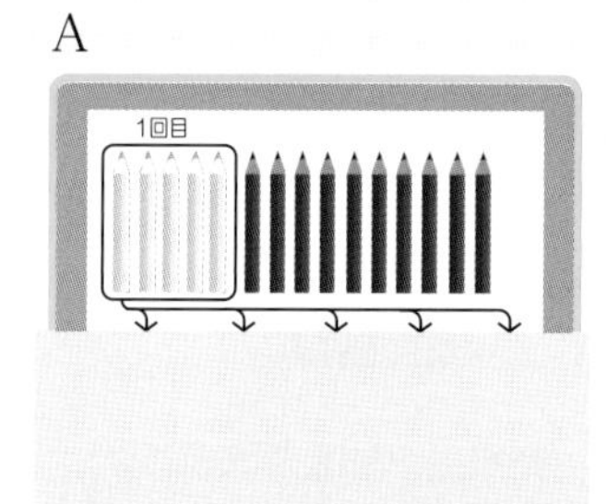

B

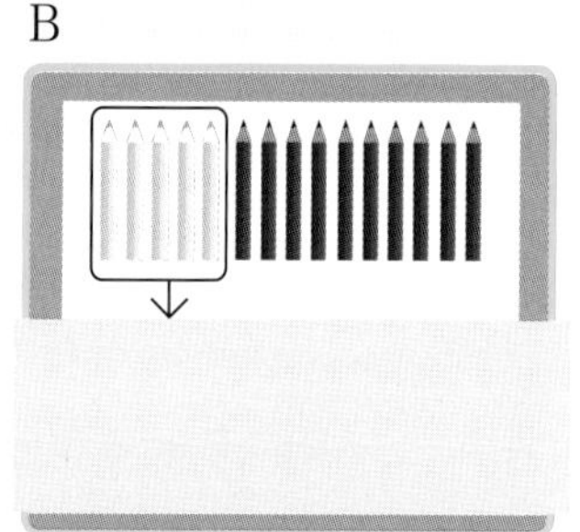

カルタを並べて、上の分けるところだけ見てみると、実はやっていることは一緒に見えます。

５本取って、それを１本ずつ分けるという操作をするか、５本取って、それをそのまま動かすか。あるとき、絵札の下半分を隠して、

「こうして見方を変えると、２つとも同じことをしている」と考えて、報告に来た子がいました。

これは、３年生の子どもたちが遊びながら見つけてくれました。

等分除と包含除は、教科書では全く別のこととして教えますが、３年生の終わりか、もしくは４年生の最初に一度こういう話題を子どもたちにしてあげて、

「だから、同じ式で表現できるのだ」と統合する場面もあってもいいかな、と私は考えています。それが、このカルタを使った遊びの中で、子どもの方から自然に話題になると、とてもいいな、と思っています。

試作品のわり算カルタで遊ぶ子どもたち。　遊びながら思考力が研ぎ澄まされていく。
表現力の育成にも役立っている。

アクティブ・ラーニングというけれど

いま、教育の世界ではアクティブ・ラーニングが華盛りですが、教師が動かない子どもの背中を懸命に押している空気が漂ってきます。

そうではなくて、教師の方が一歩引き下がったらどうでしょう。

子どもは自分の足で前を歩いている気持ちになります。

私が大切にしているのは、漫才のボケとツッコミの感覚に似ています。

いずれは子ども同士で互いにかけ合いを楽しめるようになることを目指しますが、まずは教師が突っ込まれる役を引き受けてあげてほしいのです。

人前で間違えることを警戒している子どもたちも、目の前の教師がわかりやすく間違えてくれれば、安心してツッコムことができるようになります。

「なんだ、先生でも間違えるんだ」
「そうそう、私も最初そう思ってた」
「わかるわかる、その気持ち」
「さすがに、それはないでしょう（笑）」

こんな会話を子どもと楽しく対話しながら授業をしてみてください。

子どもたちが次第に鋭いツッコミを入れてくるように育ってくると、授業展開に活気が生まれ、子どもたちもアクティブに動き出します。

子どもたちは何か「同じこと」が連続して起こると、必ず反応するようになります。子どもが
「あれ、また同じ」と言ったら、
「へー、偶然だね」と返すのがコツです。

間違っても教師から
「なぜ同じになったのか説明してみましょう」と言わないこと。子どもが
「偶然じゃないよ！」と説明を始めるのを待つのです。

きまりが見えたときに、先生が
「きまりを見つけましょう」と言うと
「なんだ、先生は、もう知ってるんだ」と興ざめになりますが、あえてそこで、
「へー、面白い偶然だなあ」とつぶやいてみてください。すると子どもたちは、
「え？　それ偶然じゃないよ」と乗り出してくるでしょう。
「先生、まだ気づいてないの？」と喜んで説明し始めます。

子どもたちとこんな楽しいかけ合いのある対話の時間をつくって、活き活きとした彼らの笑顔と共に、算数の時間を過ごしてみませんか。

彼らの素直な表情が、授業中にたくさん見えるようになり、「子どもってすごいな」と思える瞬間がたくさん味わえます。

実は、日本の初等教育は、いまから35年も前から、アクティブ・ラーニングと同じ理念を掲げてきました。

操作活動、思考実験、支援、算数的活動など、言葉は違いますが、目指すところはアクティブ・ラーニングと同じだといえるでしょう。

でも、最初だけ賑やかに活動するのだけれど、次第に教師の教え込み活動に移行してしまうのは、たぶん成果に結びつく実感がなかったからだろうと考えています。

楽しい活動の中で生じた問いに取り組んだら、結果的にテストもできるようになっていた。

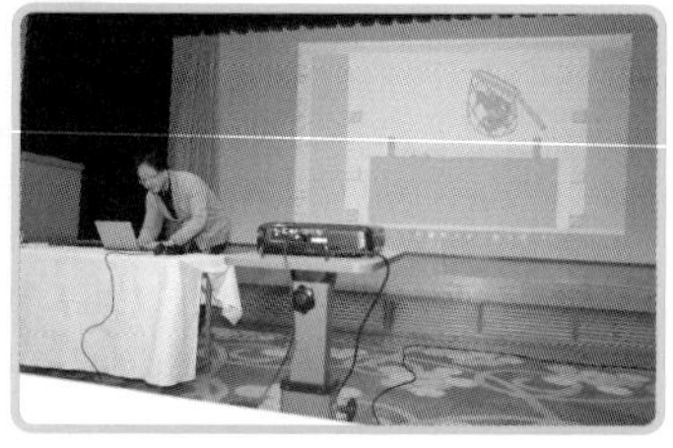

子どもの注意力を高める方法や、実際のテストやドリルを授業に再構成する方法も紹介された。

考えをクラスで共有する方法も伝授。実際に「子どもの気持ち」で取り組む先生方。

そんな体験を子どもにも教師にもしてもらうことが大切です。

健康診断のカルテのように、テストでつまずく箇所を予測したら、重点的に授業をしてみればいいのです。

日々の授業での教師の投げかけ方、関わり方をちょっと変えるだけでアクティブな時間をつくれるのではないでしょうか。

全員参加の授業はどうつくる？

多くの場合、授業の最初に復習をすることが多いと聞きます。でも、授業の最初に復習をしたら「いまからそれを使います」と言っているようなものだから、それでできたとしても、活用力にはならないことが多いのではないでしょうか。

実際、復習を始めるとそれだけで授業が終わってしまうということもありますよね（笑）。

私は、復習するにしても、復習の必要性が生まれたときに復習させることにしています。

必要性が生まれる場面、要は、授業中に「困る場面」をつくることが大切だと思っています。

文章題カルタのときに、子どもたちを考えなければいけないところに追い込む、という話をしましたが、復習をするにしても、困る場面をつくって、復習が必要になるところに追い込んでから復習をさせる。つまり、必然性を持った学びをさせることが大切だと思っています。

どうやって子どもを授業参加させるかというと、「授業中一回発表させればいい」といった話題が出てきますが、そうではなくて、全員が参加する必然性や緊張感、そして節目ごとに個々の参加を小刻みにチェックしていくという教師の意識が大切だと思います。

教室の中で大人がいったん説明モードになると、子どもはほとんど話を聞いていないと思ったほうがいいと思います（笑）。

子どもたちは自分たちで動き出してはじめて必要性を感じます。それまでは必要性を感じないから聞いていないことが多いのです。だから、私はわざと曖昧に説明をしておいて、聞きに来たくなるように仕向けるほうがいいと思っています。

先ほどもお話したように、いま盛んにアクティブ・ラーニングがいわれていますけれど、アクティブ・ラーニングのポイントは、その気持ちを引き出すかどうかだと思います。

さて、冒頭の 75 － 57 の授業の話に戻しましょう。

私は、この授業を外国でも国内でもよくやっているのですが、あるとき、あまり計算の得意ではない子がいるクラスで飛び込み授業をしたときのこと。

本当は２けたの数の一の位と十の位を入れ替えてひき算をすると、答えは「９の倍数になる」ことを見つけたい授業だったのですが、75 － 57 の答えを 22 にする子が、やはりそのクラスにもいて、納得してくれないので、９の倍数のきまり発見にはならないな、と思いました。

だからその授業は諦めて、75 － 57 ＝ 22 になるのかどうかという点について考えました。

数人の計算のできる子が、「違います」と言って、「10 持ってきて、15 から７ひいたら？」と聞いてくれたのですが、それでもできないんです。そこで、前半の 15 分で

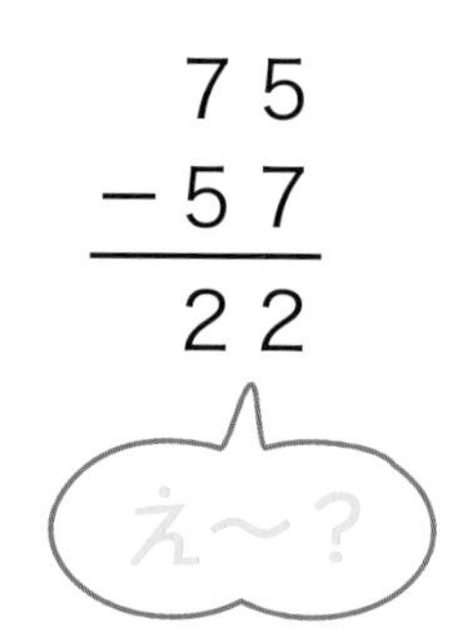

「君たちはこの計算がとても苦手なんだね。じゃあ少しだけ問題を変えよう。どんなふうに変えたらできる？」と言ったら、

「75 を 77 にしてくれたらできる」と言います。

「なるほど、今日の問題はそちらに変えよう」

そうしたら、77 － 57 ＝ 20　になりました。

「そうか、でも本当は 75 からひきたかったんだよね。75 にしたら答えは 20 より大きくなるの？　小さくなるの？」と聞いてもシーンとしています。

そこで、デンマークのときと同じようにお金に置き換えて、

「77 円を持って行って 57 円のものを買おうと思ったけれど、本当は 75 円持って行ったんだよ。そうしたらどうなる？」と聞きました。

すると、75 － 57 は 20 よりも２少ないとわかって、やっと 18 にたどりつきました。ここでもイメージがやはり大切ですね。

同じように 63 － 36 の計算も 63 を 66 にして

66 － 36 ＝ 30　63 － 36 は 30 よりも３少ないとわかって、やっと 27 にたどりつきました。

84 － 48 の計算も 84 を 88 にして

88 － 48 ＝ 40　84 － 48 は 40 よりも４少ないとわかって、やっと 36 にたどりつきました。

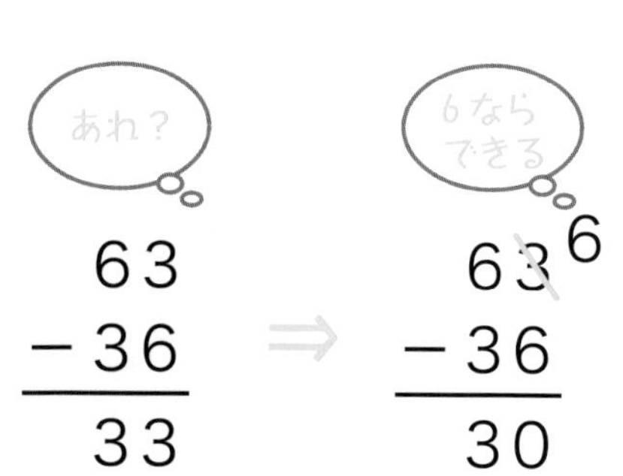

$$\begin{array}{r} 7\not{5}^{7} \\ -57 \\ \hline \not{22} \\ 20 \\ -2 \\ \hline 18 \end{array} \qquad \begin{array}{r} 6\not{3}^{6} \\ -36 \\ \hline \not{33} \\ 30 \\ -3 \\ \hline 27 \end{array} \qquad \begin{array}{r} 8\not{4}^{8} \\ -48 \\ \hline \not{44} \\ 40 \\ -4 \\ \hline 36 \end{array}$$

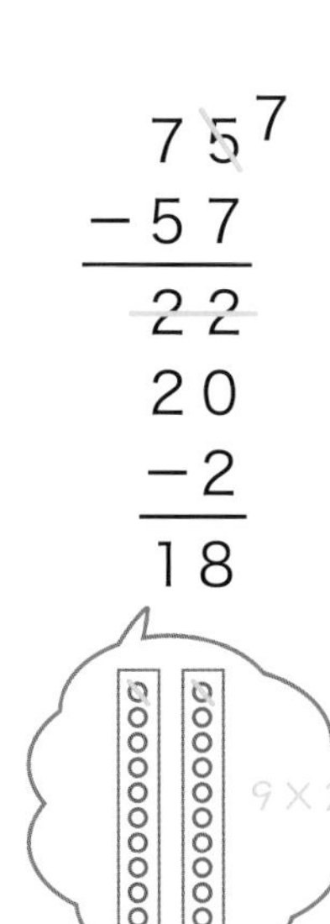

並べてみると、20 − 2 = 18　30 − 3 = 27　40 − 4 = 36

ここで子どもたちが言いました。

「先生、面白い！」

「75 − 57、63 − 36、84 − 48 の計算は、みんな 20 − 2 = 18　30 − 3 = 27　40 − 4 = 36 に置き換えられる」ということで、その日の授業は、目的とは異なる発見にたどりついて終わりました。

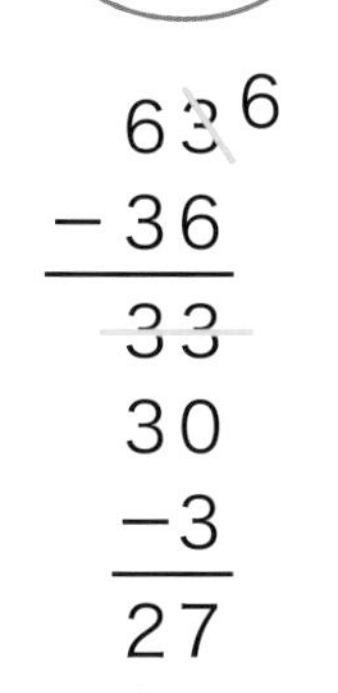

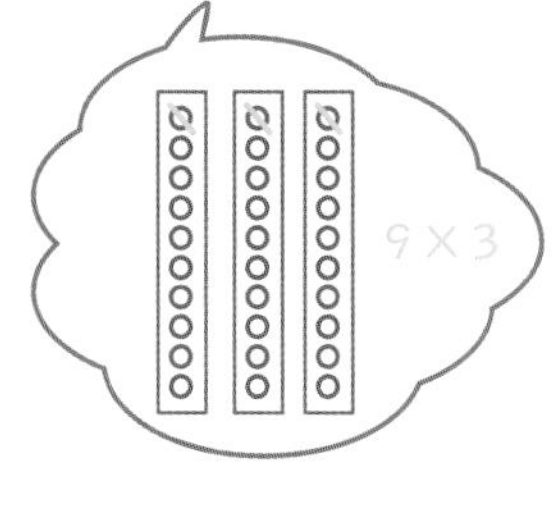

でも、よく考えてみると、実はこれが「答えが9の倍数」になっている説明になっています。

20 − 2は、10の固まり2つから2をひくことです。すると9が2つになりました。(右上の図)

30 − 3は、10の固まり3つから3をひいているから、9が3つになりました。(右下の図)

このように、目の前の子どもたちの困り方に合わせて、向き合い方を変えても、ちゃんと本質に行くことができたのです。

いや逆に、こうしてできないからこそ新しいアイデアが生まれることもあるのです。これは算数ならではかもしれません。

算数の場合は思考している子の困り方に寄り添うことこそが、自然な思考の流れになっていくと言ってもよいのかもしれません。

複雑なことは簡単な場合に置き換えようとしますよね。バラバラになっていたら、同じ仲間に整理整頓しようとする。これらの困ったときに行う自然な行為がちゃんと算数の思考力につながっているのです。

「教えたい」「説明したい」大人を一度やめて、子どもたちと一緒に悩み、困って、迷宮の旅を楽しんでみませんか。

すると、そこで大人も新しい発見に出合えます。

桂　聖の実践講座

「全員参加」を支える国語授業力

～国語授業UDの考え方をベースにして～

2015年11月28日
於：山口県萩市 千春楽 別館味楽亭

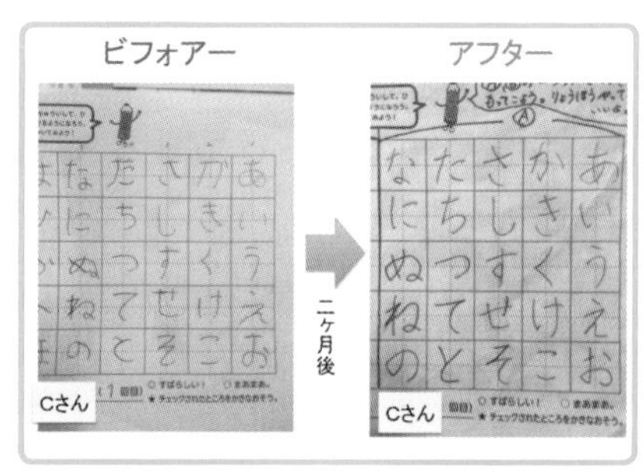

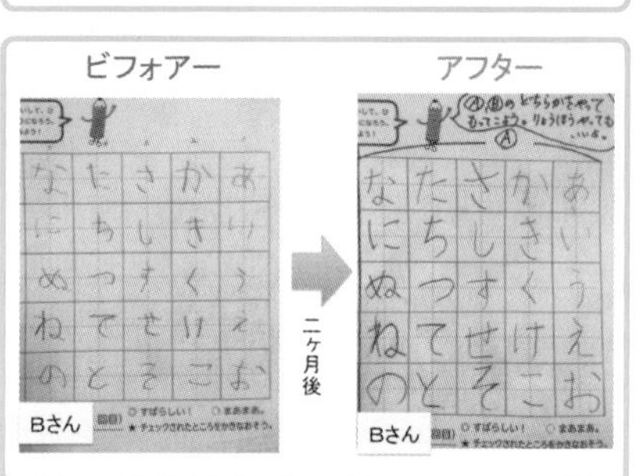

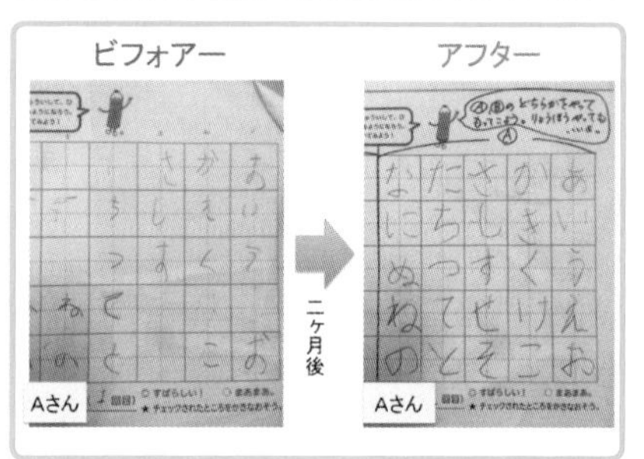

国語授業ユニバーサルデザイン（UD）の考え方をベースにして、「全員参加」を支える国語授業力についてお話ししたいと思います。

昨年４月、入学から１０日たった１年生に、ひらがな書字の調査をしました。入学当初からひらがなが上手なＣさんは２カ月後には、すばらしくうまくなっていました。ある程度ひらがなが書けるＢさんも２カ月後には見違えるほどに上達しました。入学当初、ひらがなが書けなかったＡさんも、２カ月後には上手に書けるようになっていました。

ひらがなが苦手な子は書けるようになるし、ひらがなが得意な子はもっと得意になる。たとえて言えば、これが授業のユニバーサルデザインです。

全員が楽しく「わかる・できる」授業づくりを目指す

そもそもユニバーサルデザインとは「できるだけ多くの人が利用可能なデザイン」です。言い換えれば「誰もが便利」「誰もが使える」「誰もがわかる」授業が、ユニバーサルデザインの授業です。

特別支援教育の視点を授業に取り入れるということですね。

理解が遅れがちな、気になるＡさんへの工夫・配慮が、算数は得意だけれど、国語は苦手なＤさんにも有効だし、理解力に優れるＥさんのためにもなるということです。

これを使えばうまくなる！！

ひらがなが書けなかったAさんが「わかる・できる・楽しい」というのは他の子にも通じます。算数は得意だけれど、国語は苦手なDさんも、理解力に優れるEさんも、よりわかるようになったり、よりできるようになったりする。

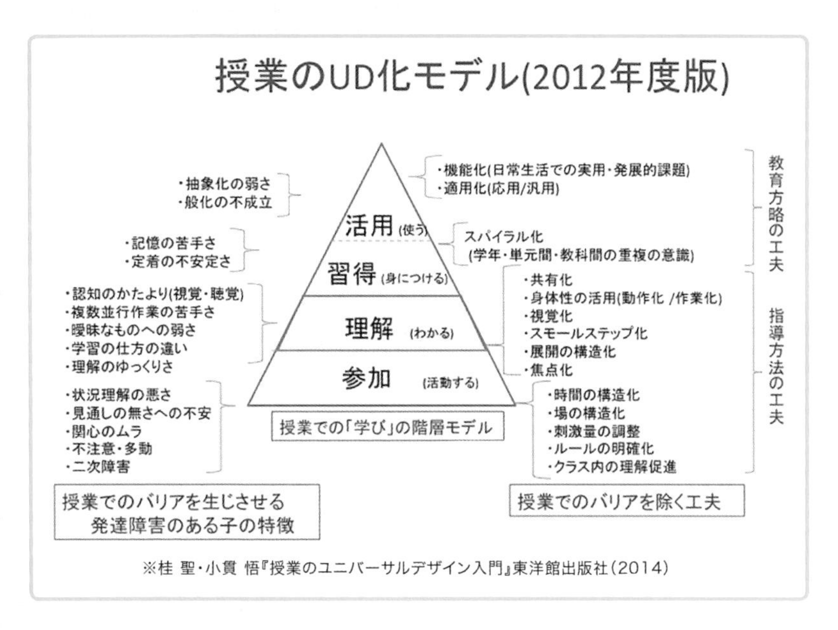

つまり、授業のレベルを落とすことではないということです。

授業のUD化モデルの図を見てください。授業のユニバーサルデザインでは、参加、理解、習得、活用の４段階の学びの階層で考えています。その左側が発達障害のある子の特徴、右側がそれに対する支援です。

たとえば、状況理解ができない、空気が読めない、見通しが無い、関心にムラがある、不注意や多動、二次障害があるときに、時間をはっきり示すとか、場をはっきり示すとか、視覚的な刺激・聴覚的な刺激の量を調節するといったことが、特別支援教育の手立てとしてあります。

ただし、これは「参加」レベルのユニバーサルデザイン。一言で言うと、学習環境や学級づくりに関する課題です。

確かに学習環境や学級づくりも大事なのですが、いちばん大事なのは「理解」レベルのユニバーサルデザインです。

１時間の授業が「わかる・できる・楽しい」そんな授業にするためにはどうすればいいか？

さらには、１時間だけわかるというだけではだめで、「習得」のためのユニバーサルデザインも大切です。子どもは忘れる可能性があります。とくに発達障害の可能性のある子には忘れやすい子がいます。だから、「習得」のためのユニバーサルデザインも大事なのです。

学力は、実生活に活用できてこそ学力です。「活用」できるためのユニバーサルデザインも重要です。

では、今日は「理解」レベルを中心にお話しします。

「理解」レベルのユニバーサルデザインをどうつくるか

国語授業をユニバーサルデザイン化するには、私は「論理」を授業の目標にして、「焦点化」、「視覚化」、「共有化」することが大事だと考えています。

> **「理解レベル」の国語UDにおける目標と要件**
>
> ◎「論理」を授業の目標にする
>
> ◆焦点化（シンプル）
>
> ◆視覚化（ビジュアル）
>
> ◆共有化（シェア）
>
> ※桂聖『国語授業のユニバーサルデザイン』東洋館出版社（2011）

「論理」を授業の目標にするということは、「論理的な読み方」「論理的な書き方」「論理的な話し方・聞き方」を重視するということです。

たとえば、日本全国「ごんぎつね」の授業をしています。すべての教科書会社は、4年生の教科書に「ごんぎつね」を載せています。だから、「ごんの心情を読み深める授業」は日本全国で行われています。でも、同時に「心情の読み取り方」を教えないと、ほかの物語の読み方には使えません。

たとえば、ごんの心情の読み取り方を使って、5年生の「大造じいさんとがん」では、大造じいさんの心情を読み深める。つまり、活用ができるということです。

次に、「焦点化」、「視覚化」、「共有化」ですが、1つ目の「焦点化」は、授業のねらいや活動を絞るということです。教材研究をすればするほど、いろいろなことが教えたくなって、結局、授業がごちゃごちゃして、時間が延びてしまうということがよくあります。私もあります（笑）。

でも、そうではなくて、1つのことだけでもしっかりわかるとか、はっきりできるようになる、はっきり使えるようになることを考えてみてもいいのではないでしょうか。

2つ目は「視覚化」です。これは、視覚的な手がかりを「効果的に活用する」ということです。

特別な支援が必要な子には聴覚情報で理解するのが難しい子がいます。支援が必要ではない子どもたちの中にも、本当に聞いているかどうかわからない子どももたくさんいます。

ですから、視覚的に理解するというのは、特別な支援が必要な子どもだけでなく、他の子どもにとっても有効です。

ただし、ここで重要なのは「効果的に」ということです。

ただ単に、絵や写真、動画、図、センテンスカードなどを見せればいいのではなくて、それらを効果的に見せることが大切です。

「効果的に」というのはどういうことかというと、授業のねらいに通じているということですね。ただ、単に楽しいだけではなくて、授業のねらいに通じるように、視覚的な手がかりを使うことが大切です。

3つ目は「共有化」です。これは、話し合い活動を組織化するということです。「挙手ー指名」方式だけの授業では、2，3人の理解力の優れた子だけで進める授業になりがちです。

「挙手ー指名」方式だけではなく、ペアで話し合い活動を設定するとか、A君が言ったことをもう一度B君に言ってもらうとか、A君が言ったことの意味をCさんが説明するとか、話し合い活動を組織化するという観点が非常に重要だと考えています。

こうした「焦点化」、「視覚化」、「共有化」の具体的な手立てとして考えたのが「教材のしかけ」です。

たとえば、説明文の授業で、ある段落の順序を変えておきます。「問いと答えの関係」になっている文章の、「問いと答え」の段落を入れ替えておいたとしましょう。

すると子どもは

「えー、先生、これ違うよ！」と言い始めます。

「どうして違うの?」

「これは、問いが先じゃないといけないんじゃないの?」

と、問いと答えの関係に注目して話し始めることが期待できます。

教材にしかけをつくる「10の方法」

①順序をかえる	②選択肢をつくる
③置き換える	④隠す
⑤加える	⑥限定する
⑦分類する	⑧図解する
⑨配置する	⑩仮定する

※桂聖・UD研沖縄支部『教材にしかけをつくる国語授業 10の方法』東洋館出版社(2013)

つまり、教師が「問いと答えの関係」という読み方を教えたい場合に、こうしたしかけをつくることで、その教えたいことを子どもから引き出すということです。教師の「教えたいこと」を子どもの「学びたいこと」に転化するという言い方もできるでしょう。

ただ単に「問いの文はどれ?」「答えの文はどれ?」というように聞くのではなく、子どもが「話したくなる」「動きたくなる」「考えたくなる」しかけを分類したものが右上の表です。

全員参加の授業をつくるためには、この「しかけ」が大切だと考えています。全員の子どもが「話したくなる」「動きたくなる」「考えたくなる」ような「しかけ」をつくるということです。

事例　6年の説明文「笑うから楽しい」の授業づくり

では、説明文「笑うから楽しい」を一読してみてください。黙読でお願いします。

笑うから楽しい

中村 真

① 私たちの体の動きと心の動きは、密接に関係しています。例えば、私たちは悲しいときに泣く、楽しいときに笑うというように、心の動きが体の動きに表れます。しかし、それと同時に、体を動かすことで、心を動かすこともできるのです。泣くと悲しくなったり、笑うと楽しくなったりするということです。

② 私たちの脳は、体の動きを読み取って、それに合わせた心の動きを呼び起こします。ある実験で、参加者に口を横に開いて、歯が見えるようにしてもらいました。このときの顔の動きは、笑っているときの表情と、とてもよく似ています。実験の参加者は、自分たちがえがおになっていることに気づいていませんでしたが、自然とゆかいな気持ちになっていました。このとき、脳は表情から「今、自分は笑っている」と判断し、笑っているときの心の動き、つまり楽しい気持ちを引き起こしていたのです。

③ 表情によって呼吸が変化し、脳内の血液温度が変わることも、私たちの心の動きを決める大切な要素の一つです。人は、脳を流れる血液の温度が低ければ、ここちよく感じることが分かっています。笑ったときの表情は、笑っていないときと比べて、鼻の入り口が広くなるので、多くの空気を取りこむことができます。えがおになって、たくさんの空気を吸いこむと、脳を流れる血液が冷やされて、楽しい気持ちが生じるのです。心の動きが体の動きを引き出しているのです。

④ 私たちの体と心は、それぞれ別々のものではなく、深く関わり合っています。楽しいという心の動きが、えがおという体の動きに表れるのと同様に、体の動きも心の動きに働きかけるのです。

（光村図書「6年」）

6年生の説明文です。光村図書の場合、セット教材といって、長い説明文と短い説明文がセットになっていますが、こちらは、その短いほうのバージョンです。

「考える音読」の授業

では、まず「考える音読」の活動を紹介します。

音読というと、どうしても正確に、大きな声で、気持ちを込めて、といった指導になりがちです。でも、本当に、人物の心情を想像しているかどうかはわかりません。もっと言うと、読むことのねらいは「論理的な読み方」を身につけることです。「論理的な読み方」を身につけるための音読が「考える音読」です。「考える音読」には、「すらすら型」「イメージ型」「論理型」の三種類があります。

【まる読み】
ペアになって、
まるで交代して音読します。

【かんぺき読み】
ペアでまる読みをします。
間違ったら交代します。

実際にやってみましょう。お隣とペアになってください。

まずは【まる読み】。いまペアになった方と、まる（「。」）で交代して音読します。Aさんが1文目を読み、Bさんが2文目を読み、AB、AB、…と交代しながら読みます。

（会場で「まる読み」）

どうでしょう？　黙読よりは面白いですよね？

では、つぎ、【かんぺき読み】をします。AさんとBさんが交代で「まる読み」しますが、今度は間違ったら交代します。

たとえば、Aさんが間違えたら、その文をBさんが読み直し、次の文をAさんが読みます。失敗したら交代します。

（一斉に「かんぺき読み」真剣な様子の会場）

少し緊張感が出てきましたよね。「まる読み」だけより、楽しくなりましたか？

つぎに【まる・てん読み】をします。ペアでまる（「。」）とてん（「、」）で交代して読みます。交代のときに、間を空けてはいけません。スーッと一人が読む感じで読みます。どうぞ。

【まる・てん読み】
ペアでまる・てん読みをします。まるやてんで交代して読みます。一人が読む感じで読みます。

（「まる・てん読み」会場のあちこちから、はしゃいだ声があがる）

ちょっと楽しいのがわかりますよね。

今度は【リレー読み】をします。ペアで「まる・てん読み」をしますが、今度は好きなところで切って、交代しながら読みます。ただし、「まる・てん読み」のように、一人がスーッと読む感じで読んでください。Aさんが好きなまるやてんのところまで読んで、切ったら、パッとBさんが読み始めてくださいね。スッとバトンを渡すように、リレーして読んでいきます。どうぞ。

【リレー読み】
ペアでまる・てん読みをします。好きなところで切って、交代しながら読みます。ただし、一人が読む感じで。

（会場　「リレー読み」で盛り上がる）

結構楽しくなってきたのがわかりますか？　子どもも大好きです。でも、みなさんは、いま内容を考えながら読みましたか？　ただ、正確に読むことしか考えていませんよね？　ですから、これは「すらすら型」の音読です。内容を頭に思い浮かべていません。

教師はよく、「内容を考えながら読みましょう」とか、「人物の気持ちを考えながら読みましょう」と言います。でも、本当にその子が内容を考えているかどうかはわかりません。ただ単に「すらすら」読んでいるだけかもしれないのです。

そこで【つぶやき読み】をします。筆者と読者の役割読みです。筆者は説明するつもりで読みます。読者は、「へえ~」「なるほど、~だよね」等、説明の内容に合わせてつぶやきます。

【つぶやき読み】
筆者と読者の役割読み。筆者は説明するつもりで読む。読者は、「へえ～」「なるほど、～だよね」等、説明の内容に合わせてつぶやきます。

（「つぶやき読み」で大いに盛り上がる場内）

これも結構楽しいですね。これは「イメージ型」の音読です。内容をつぶやきで表すためには、内容をイメージしないと表せません。内容を考えながら音読していることになります。

でも、文章というのは、最終的に「論理的に読む」ということが大事です。最後に「論理型」の音読をしてみましょう。

【つぶやき読みⅡ】としましたが、これも筆者と読者の役割読みです。筆者は説明するつもりで読み、読者は、段落における中心文がきたら、「確かに、~だよね」等、思い切り強くつぶやきます。どうぞ。

【つぶやき読みⅡ】
筆者と読者の役割読み。
筆者は説明するつもりで読む。
読者は、中心文がきたら、
「確かに、~だよね！」等、
思い切り強くつぶやきます。

（「つぶやき読みⅡ」でわく場内）

さっきの「つぶやき読み」よりも、頭を使うのがわかりますか？　どこが中心文だろう、と頭を使いながら読みました。ここが大事です。

でも、その文が本当に中心文であるかどうかはわかりません。隣で「なるほど！　確かに~だよね」というのを聞きながら、「え？　ここちょっと違うんじゃないの？」と思っていたかもしれません。

もし、二人が考えた中心文がバラバラになったら、「どちらが中心文になるだろう」という授業になります。ズレが起きた時には、それを授業にすればいいのです。

たとえば、「今から先生が音読します。中心文がきたら拍手をしましょう」と言って、全員で考えることもできます。私が、一文目から読んでいって、拍手がバラバラになるとしたら、考えがズレているということですよね。こうすれば、話し合い活動のきっかけや話し合う必然性が生まれます。

こんな簡単なことですが、「すらすら型」、「イメージ型」、「論理型」の音読を通して、最終的には論理的に考える「全員参加」の活動を仕組むことができます。

ちなみに、いま読んでいただいた「笑うから楽しい」の文章には変なところがあります。

全然関係ない一文が迷子になって入り込んでいます。

「一文を加える」というしかけです。

迷子はこの一文だ、と思うものに、線を引いてください。

（参加者は読み直し、線を引く）

では、自信度のアンケートをしましょう。

「絶対自信がある」は◎、「だいたいわかるけど、もしかしたら間違えているかもしれない」は○、「あまりわからない」は△、「ぜんぜんわからない」は×。さあ、どれに当てはまりますか？

授業とはわからないことがわかることです。

◎の人がいきなり答えても面白くありません。○や△の人に、困っていることを聞きます。どのあたりで困っているというのを教えてもらえますか？
「③段落の最後の一文『心の動きが体の動きを引き出しているのです。』だと思うのですが、「体の動き」が前にあるのかどうかが心配で迷っています」
　他のみなさんも、迷っていることを隣の人にお話ししてください。どうぞ。

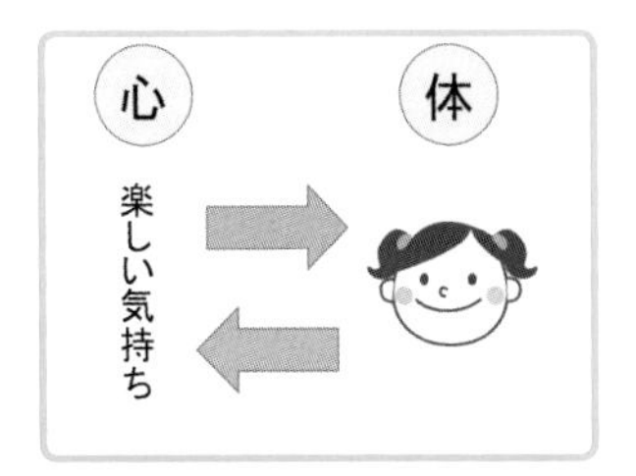

「心の動き、体の動きで迷っている」という話が出ていますので、全員で考えてみましょう。
　そもそも、この話は、心から体の話でしょうか？　体から心の話でしょうか？
「体から心の話だと思います」
　どうしてでしょうか？　笑うから楽しいという題名ですよね。笑っているから楽しくなるので、体から心の話だといえます。

③　表情によって呼吸が変化し、脳内の血液温度が変わることも、私たちの心の動きを決める大切な要素の一つです。人は、脳を流れる血液の温度が低ければ、ここちよく感じることが分かっています。笑ったときの表情は、笑っていないときに比べて、鼻の入り口が広くなるので、多くの空気を取りこむことができます。えがおになって、たくさんの空気を吸いこむと、脳を流れる血液が冷やされて、楽しい気持ちが生じるのです。心の動きが体の動きを引き出しているのです。

★口を横に開いて、歯が見えるようにしよう！

体↓心

笑うから楽しい　　中村　真

①　私たちの体の動きと心の動きは、密接に関係しています。例えば、私たちは悲しいときに泣く、楽しいときに笑うというように、心の動きが体の動きに表れます。しかし、それと同時に、体を動かすことで、心を動かすこともできるのです。泣くと悲しくなったり、笑うと楽しくなったりするということです。

②　私たちの脳は、体の動きを読み取って、それに合わせた心の動きを呼び起こします。ある実験で、参加者に口を横に開いて、歯が見えるようにしてもらいました。このときの顔の動きは、笑っているときの表情と、とてもよく似ています。実験の参加者は、自分たちがえがおになっていることに気づいていませんでしたが、自然とゆかいな気持ちになっていました。このとき、脳は表情から「今、自分は笑っている」と判断し、笑っているときの心の動き、つまり楽しい気持ちを引き起こしていたのです。

③　表情によって呼吸が変化し、脳内の血液温度が変わることも、私たちの心の動きを決める大切な要素の一つです。人は、脳を流れる血液の温度が低ければ、ここちよく感じることが分かっています。笑ったときの表情は、笑っていないときに比べて、鼻の入り口が広くなるので、多くの空気を取りこむことができます。えがおになって、たくさんの空気を吸いこむと、脳を流れる血液が冷やされて、楽しい気持ちが生じるのです。心の動きが体の動きを引き出しているのです。

④　私たちの体と心は、それぞれ別々のものではなく、深く関わり合っています。楽しいという心の動きが、えがおという体の動きに表れると同様に、体の動きも心の動きに働きかけるのです。

　次に、事例を確かめてみましょう。
②段落
「ある実験で、参加者に口を横に開いて、歯が見えるようにしてもらいました。」

③段落
「笑ったときの表情は、笑っていないときと比べて、鼻の入り口が広くなるので、多くの空気を取りこむことができます。」
　ここまでが事例です。
　これらの実験を子どもたちにやってもらいます。すると、楽しくなることが実感できます。こうやって、内容を確かめます。

　つぎに論理を確かめます。
　文章構成の型を押さえておきましょう。
「はじめ」「中」「終わり」があったときに、筆者がいちばん伝えたいことが終わりにあるのが「尾括型」。
　筆者がいちばん伝えたいことがはじめにきているものを「頭括型」、はじめと終わりで繰り返されるのを「双括型」と言います。
　この文章は、双括型であることはわかりますね。ここで、子どもが

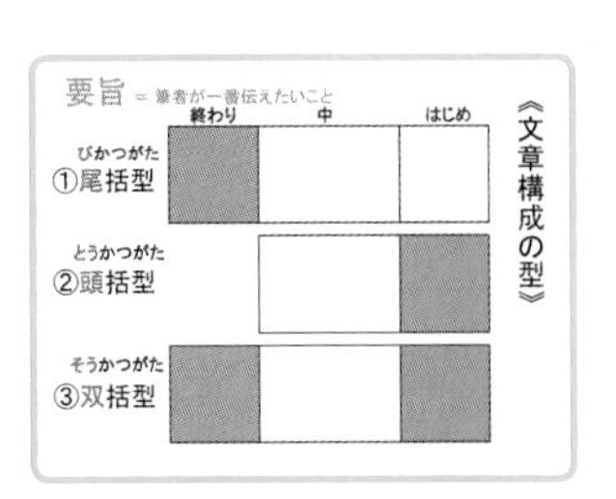

前に出て「はじめと終わりで、同じようなことが書かれているから双括型だよ」と説明したとします。でも、同じようなことが書かれているということがわからない子もいます。ですので、①段落と④段落を拡大したものも用意しておきました。

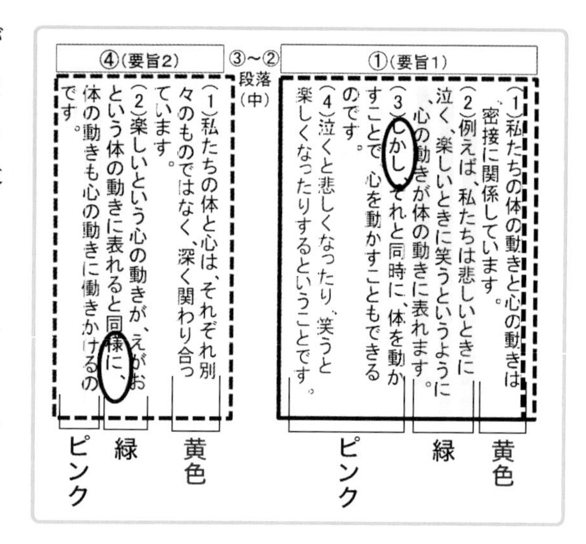

同じようなことが書かれていると言いましたが、どの部分とどの部分が同じですか？

①段落の(1)の文と④段落の(1)の文は一緒。黄色と黄色は関係している。緑は「心から体」、ピンクは「体から心」です。

〈終わり〉　〈中〉　〈初め〉
●事例のまとめ　体↓心
●事例①（具体的な答え①）　体↓心
●事例②（具体的な答え②）　体↓心
●事例のまとめ
●筆者の主張　体↓心

【双括型の文章構成】

双括型の文章構成も確認をします。6年生の授業ですので、これくらいは知っていてほしいですね。でも、知らなかったら教えればいいのです。

そのうえで、この説明文では「体から心」「体から心」「体から心」「体から心」が繰り返されているということを押さえます。

とすると、迷子の一文は、③段落の最後の一文「心の動きが体の動きを引き出しているのです。」で、正解です。

（拍手が起こる）

いいですね。リアクションがあると嬉しいですよね。私は「同じです！」という反応は求めていません。でも、友達の意見には反応をしてほしい。

私はいま1年生の担任ですが、クラスの女の子が「確かに～！」と、返してくれるのを気に入っています。それぞれ独創的に反応してほしいと思います。すばらしい！

笑うから楽しい　　中村　真

事例のまとめ

① 私たちの体の動きと心の動きは、密接に関係しています。例えば、私たちは悲しいときに泣く、楽しいときに笑うというように、心の動きが体の動きに表れます。しかし、それと同時に、体を動かすことで、心を動かすこともできるのです。泣くと悲しくなったり、笑うと楽しくなったりするということです。

中（事例）

② 私たちの脳は、体の動きを読み取って、それに合わせた心の動きを呼び起こします。ある実験で、参加者に口を横に開いて、歯が見えるようにしてもらいました。このときの顔の動きは、笑っているときの表情と、とてもよく似ています。実験の参加者は、自分たちがえがおになっていることに気づいていませんでしたが、自然とゆかいな気持ちになっていました。このとき、脳は表情から「今、自分は笑っている」と判断し、笑っているときの心の動き、つまり楽しい気持ちを引き起こしていたのです。

③ 表情によって呼吸が変化し、脳内の血液温度が変わることも、私たちの心の動きを決める大切な要素の一つです。人は、脳を流れる血液の温度が低ければ、ここちよく感じることが分かっています。笑ったときの表情は、笑っていないときに比べて、鼻の入り口が広くなるので、多くの空気を取りこむことができます。えがおになって、たくさんの空気を吸いこむと、脳を流れる血液が冷やされて、楽しい気持ちが生じるのです。心の動きが体の動きを引き出しているのです。

事例のまとめ

④ 私たちの体と心は、それぞれ別々のものではなく、深く関わり合っています。楽しいという心の動きが、えがおという体の動きに表れると同様に、体の動きも心の動きに働きかけるのです。

筆者の主張

ちなみに、右の図を見て気づくことはありませんか？　事例のまとめで終わっていますが、筆者の主張がありません。

実は筆者の主張があります。筆者の主張は何と書かれているでしょう。難しいですよね。

子どものつまずきを予想する

授業のユニバーサルデザインで大切にしたいのは、子どものつまずきの予想です。難しい、つまずきそうだ、と予測できたのであれば、それに応じた手立てが必要です。

この場合も、いきなり「筆者の主張を考えよう」と言うと難しいので、手立てを用意しておきます。

さて、私が筆者の主張を考えてきました。しかし、間違いがあります。正しいのは1つです。ア～エのどれでしょう。

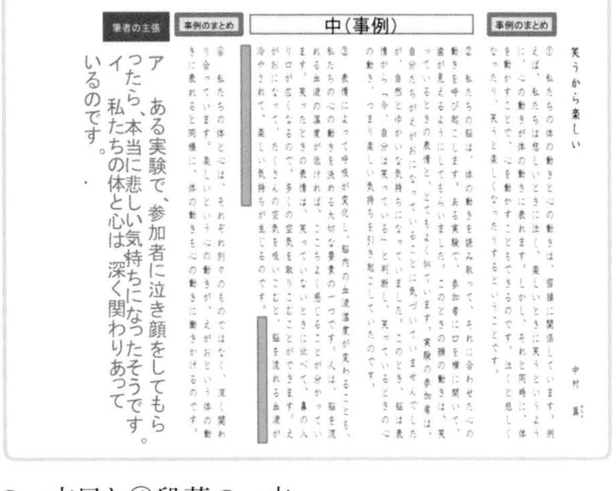

まず1つ目。

ア　ある実験で、参加者に泣き顔をしてもらったら、本当に悲しい気持ちになったそうです。

これは？「違う」どうして？「事例だから」

2つ目。

イ　私たちの体と心は、深く関わり合っているのです。

これは？「違う」どうして？「①段落の一文目と④段落の一文目に関わっていると書いてあることだけだから違う」

3つ目。

ウ　あなたは、たくさん勉強することが大切です。

これは？「違う」どうして？「つながっていないから」

もしも、事例のまとめと筆者の主張の間に接続語を入れるとしたら、どんな接続語を入れますか？

たとえば、「だから」でつなぎます。すると、「体の動きも心の動きに働きかけるのです。」「だから」「あなたは、たくさん勉強することが大切です。」としたら、おかしいですよね。

事例のまとめと筆者の主張の関係を因果関係と言います。「だから」を入れて考えるとわかりやすいです。筆者の主張には因果関係がこないといけないということです。

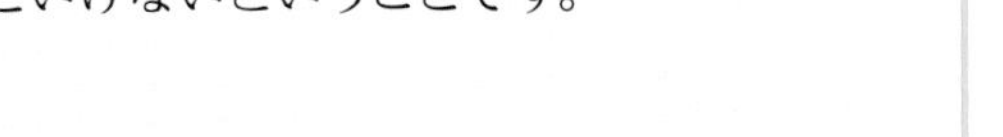

そう考えると、4つ目。

エ　…………………

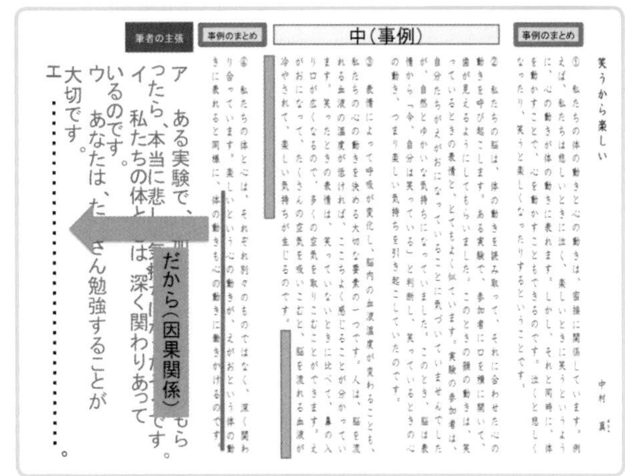

あら、ごめんなさい。答えを忘れました（笑）。考えてもらえますか。「だから」の続きを考えてノートに書きます。事例を繰り返すのはNG、出てきているのはNG、因果関係になっていないのもNG。「だから～」に続く文ですよ。

ノートに書いたことをお隣と話してください。書けていなかったら、書けていない状態でいいので話してみましょう。
「だから、いつも笑顔をつくっていると、楽しい日々を過ごせるのです。」
「だから、悲しい時には無理にでも笑うと、楽しい気持ちになれます。」

笑うから楽しい　中村　真

事例のまとめ

①　私たちの体の動きと心の動きは、密接に関係しています。例えば、私たちは悲しいときに泣く、楽しいときに笑うというように、心の動きが体の動きに表れます。しかし、それと同時に、体を動かすことで、心を動かすこともできるのです。泣くと悲しくなったり、笑うと楽しくなったりするということです。

中（事例）

②　私たちの脳は、体の動きを読み取って、それに合わせた心の動きを呼び起こします。ある実験で、参加者に口を横に開いて、歯が見えるようにしてもらいました。このときの顔の動きは、笑っているときの表情と、とてもよく似ています。実験の参加者は、自分たちがえがおになっていることに気づいていませんでしたが、自然とゆかいな気持ちになっていました。このとき、脳は表情から「今、自分は笑っている」と判断し、楽しい気持ちを引き起こしていたのです。

③　表情によって呼吸が変化し、脳内の血液温度が変わることも、私たちの心の動きを決める大切な要素の一つです。人は、脳を流れる血液の温度が低ければ、こころよく感じることが分かっています。笑ったときの表情は、笑っていないときに比べて、鼻の入り口が広くなるので、多くの空気を取りこむことができます。えがおになって、たくさんの空気を吸いこむと、脳を流れる血液が冷やされて、楽しい気持ちが生じるのです。

事例のまとめ

④　私たちの体と心は、それぞれ別々のものではなく、深く関わり合っています。楽しいという心の動きが、えがおという体の動きに表れると同様に、体の動きも心の動きに働きかけるのです。

だから（因果関係）

筆者の主張

何かいやなことがあったときは、このことを思い出して、鏡の前でにっこりえがおを作ってみるのもよいかもしれません。

「体から心」という意味になっていればいいですね。教材にもともとあった文は、
「何かいやなことがあったときは、このことを思い出して、鏡の前でにっこりえがおを作ってみるのもよいかもしれません。」です。

これを読んで「『よいかもしれません』というのがなんだか変だよ」「もうちょっと言い切った方がいいんじゃない？」「『しましょう』のほうがいいんじゃない？」と、子どもたちは話していました。みなさんは、どう思いますか。

この授業は先のしかけの中の
②選択肢をつくる
⑤加える
⑧図解する
という３つのしかけを使いました。

⑤の「加える」がいちばんのポイントです。迷子の一文は、論理的に考えれば発見できるように仕組んでいます。

教材にしかけをつくる「10の方法」

①順序をかえる	②選択肢をつくる
③置き換える	④隠す
⑤加える	⑥限定する
⑦分類する	⑧図解する
⑨配置する	⑩仮定する

※桂聖・UD研沖縄支部『教材にしかけをつくる国語授業 10の方法』東洋館出版社（2013）

主張と言っても見当がつかないので、あえて間違いの例を入れておいて、「ああ、こんなふうに書けばいいんだ」とイメージさせたうえで、子どもに書かせました。

右のような①～③の大きな流れで授業を構成しました。

ポイントは４つ。

１つ目のポイントは、授業のねらいを絞ることです。

この授業のねらいは、「論理（「事例のまとめ」と「筆者の主張」）に気づく」ことです。ここが授業の山場になります。

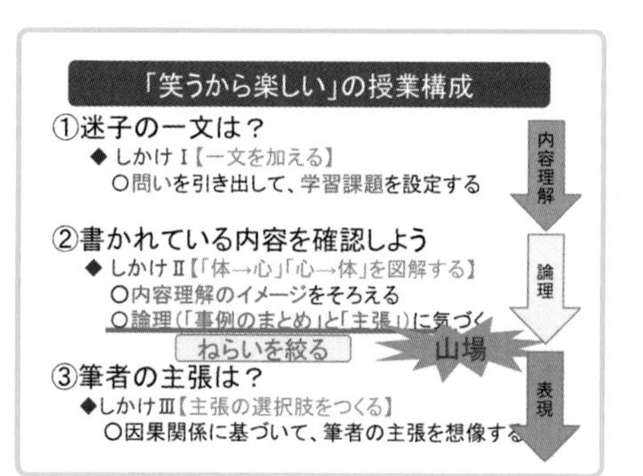

ポイントの2つ目は、「内容理解→論理」という授業展開です。

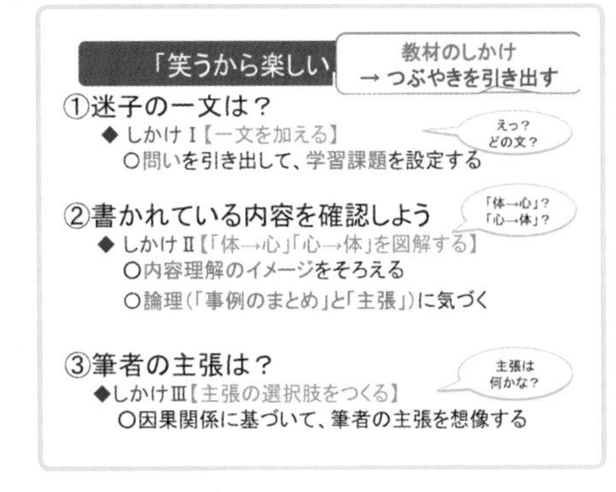

迷子の一文は？　これは論理の問いなんですね。でも、まず内容理解をしないと解けません。「体→心」を理解していないと、全員が論理に気づけません。

ここでは「心から体だから変だ」という気持ちにしたうえで、事例のまとめがわかり、さらに筆者の主張があるとしたら？ と全員で最後に考えています。

事例のまとめがあって、もし筆者の主張があるとしたら、因果関係でどう書くか、と考えます。高学年レベルの活動です。

ポイントの3つ目は、教材のしかけによって、つぶやきを引き出すことです。
「え？　どの文なの？」「体→心？」「心→体？」「筆者の主張って何かな？」とつぶやきたくなるような、しかけが3つ入っています。

ポイントの4つ目は、最後に全員が表現する場面をつくることです。
「今日、わかったことは？」「今日の学習を振り返って書きましょう」とすると、どうしても書ける内容が拡散してしまいます。そこで、「事例のまとめがわかったうえで、筆者の主張を書きましょう」と絞り込んで、論理を使って全員が表現する場面をつくるように仕向けたわけです。

国語は算数と違って「何を教えればいいのかよくわからない」と言われます。段階的、系統的に教えていかないと、いきなり6年生の文章を見ても双括型がわからない子がいたり、事例のまとめがわからない子がいたりすると、そこで授業がストップになってしまいます。

算数が、1年生でたし算、2年生でかけ算、3年生でわり算と段階を追うように、国語も1年生で文、2年生で主語述語、3年生で要点要約など、系統的、段階的に指導していくことが非常に重要です。

全員参加の国語授業力を身につけさせるには

最後に私が考える「全員参加」の国語授業づくりのポイントを整理しておきます。

1つ目は、全員が同時に活動する場面をつくることです。

一人だけをあてていると、一人だけが表現する時間が多くなってしまうので、ペアや全員の音読活動を仕組み、全員が同時に活動する場面をつくります。

先ほど紹介した、「すらすら型」の音読、「イメージ型」の音読、「論理型」の音読、ペアの話し合い活動も、ただ話し合いをさせればいいのではなくて、どのペアがよく話し合っているかとか、どのペアの活動が停滞しているかを見ておいて、評価と指導の場面にすることが大切です。こうした講座の会場で、ペアで話してもらうときにも、私は先生方の様子を必ず見ています（笑）。

どのペアがよく話しているかとか、どんなやりとりをしているかだとか、ワーッと盛り上がっていたら、面白いことを話しているのではないか、という予想もできます。意図的に指名を行うときは、ワーッと盛り上がっていた子を当てたほうが、よい発言をする確率が高いですからね。

ペアの話し合い活動を形式的に入れるのではありません。評価と指導の場面にするのです。

書く活動を仕組んだり、判断の活動を取り入れたりすることも大切です。「どこですか？　線を1つ引きましょう」というように、ちょっとだけでも「選ぶ・判断する」活動を仕組みます。

まとめの活動では、お話をつくるとか、筆者の主張を自分で考えるとか、ぎりぎりに絞り込んだまとめの活動を大切にしています。

教え合いの活動は、田中先生がよく実践されていますが、「わからない人は説明を聞きに行きましょう」、「教えてあげましょう」などと促すことも全員参加の活動になります。

「全員参加」の国語授業力 その1

◎「全員が同時に活動する場面」をつくる

○ペアや全員の音読活動
※考える音読（すらすら読み、イメージ読み、論理読み）

○ペアの話し合い活動
※評価と指導の場面

○書く活動
※思考・判断の活動、まとめの活動

○教え合いの活動
※T「わからない人は、説明を聞きにいきましょう」

2つ目は、「教材のしかけ」で、全員の反応を引き出すことです。

話したくなる、考えたくなる、動きたくなるようにするには、「しかけ」が必要です。国語の授業は、教科書を開けて、「どんな気持ち?」「何が書かれている?」といった教師の発問と子どもの応答で終始してしまう授業になりがちです。

そうではなくて、「迷子の文があるよ」とか、「隠れている

「全員参加」の国語授業力 その2

◎「教材のしかけ」で、反応を引き出す
※ひきつける、そろえる

①順序をかえる　②選択肢をつくる
③置き換える　④隠す
⑤加える　⑥限定する
⑦分類する　⑧図解する
⑨配置する　⑩仮定する

ところにはどんな言葉が入るかな?」というように、考えたくなる場面をつくっていくことが大事です。

3つ目は、授業のストーリーをつくっておくことです。

最初は内容理解で全員が確認する。「誰が何をしたのか」を押さえたり、人物の設定に関することを全員で確認したりする。その上で、全員で「迷子の一文はこれだ!」と発見する場面をつくる。そして最後には全員で表現する場面をつくるといったストーリーづくりです。

「全員参加」の国語授業力 その3

◎授業のストーリーづくり(授業展開の構造化)

★ゼロ段階…教室の空気をつくる(アイスブレイク)

(1)内容理解…人物の様子や心情理解
説明内容の理解　★全員が理解

(2)論理理解…論理的な読み方　★全員で発見

(3)全員表現…論理を使って、独創的に表現する
★全員が表現

4つ目は、子どもの気持ちに寄り添う言葉がけです。

わからないことをどんどん出し合う授業、「ここまではわかったけど、これから以降がわからないよ」と、思考過程を話せるようになるといいですね。何に困っているかを言えるようになることが全員参加の秘訣です。

「全員参加」の国語授業力 その4

◎子どもの気持ちに寄り添う言葉がけ
×授業は、正解を発表し合う
○授業は、みんなの困ったことを出し合って、解決する

●T「あなたの自信度は、
◎、○、△、×、のどれかな?」

「○、△の人は、何にこまってる?」

●T「どこまでわかって、何がわからない?」

5つ目は、話したくなる場面をつくる即時的な対応です。

教師が理解の遅い子の役をすることも必要です。たとえば、「どういうこと?」と、わざとわからないふりをしたり、「それって、絶対?　本当?」と、わざと正しさに疑問をもったり、「こういうことかな?」と、わざと違う意味で解釈したりします。私は「しかけ言葉」と言っています。

「全員参加」の国語授業力 その5

◎話したくなる場面をつくる即時的な対応力
「しかけ言葉」

①「どういうこと?」と、わざとわからないふりをする。

②「絶対? 本当?」と、わざと正しさに疑問をもつ。

③「こういうことかな?」と、わざと違う意味で解釈する。

★教師が理解の遅い子の役をする

曖昧な考えのときに「どういうこと?」「本当?」と質問するのではなくて、子どもたちの考えがまとまり、間違いないという空気のときに投げかけるのが効果的です。

全員参加を促すために必要なポイントを大きくまとめると、右に挙げたように、まずは「指導内容の焦点化・系統化」。次に「授業のストーリー」づくり。さらに、視覚的な「教材のしかけ」による反応の促進と、共有化に関する「即時的な対応力」。大きく言ってこの3つが全員参加を支える国語授業力だと考えています。

「全員参加」を支える国語授業力 まとめ

①やはり「指導内容の焦点化・系統化」
(活用できる論理的な読み方)

②「授業のストーリー」づくり
(①内容理解→②論理→③全員表現)

③視覚的な「教材のしかけ」による反応の促進と、共有化に関する「即時的な対応力」
(10のしかけ、しかけ言葉)

ありがとうございました。(拍手)

萩の講座でたくさんのメッセージをいただきました。

子どもの気持ちを考えながら，参加させていただきました。子どもの声に耳を傾けた授業を心がけます。　広島県・女性

教具の工夫にびっくりしました。イメージすることを今後の授業に生かしたいです。
長門市・女性

とっても楽しかったです。私は今，２年生の「逆思考」について研究しています。「イメージ」ということについて，関連づけることの大切さを改めて感じました。　広島県・女性

楽しい研修会でした。授業で明日から使えそうな内容を具体的に教えていただき嬉しかったです。　呉市・女性

「子どもが困る場面をつくる」「子どもがつまずく場面を予見する」この２つは，自分でも何とかできそうな気がしてきました。さっそく，授業に取り入れます！　福岡県・女性

自分が日頃モヤモヤしていた疑問がスーッととけていきました。すぐ使え，これから役立つことがたくさんありました。
山口市・女性

最高に楽しく，感動する時間になりました。
今，自分の中で，どのようにすれば先生方に伝えられるかが課題です。田中先生，桂先生から多くのことを学ばせていただきました。　長門市・男性

子どもの気持ちになりながら，具体的な指導法を知ることができました。休みの日に来てよかったです。　萩市・女性

本当に勉強になりました。子どもたちが動きたくなるような言葉かけ，しかけをたくさん勉強しました。　福岡県・男性

本当に面白かった！ふだん子どもたちの前にたって話す側ですが、子どもの目線で楽しむことができました。　山口市・女性

自分が日々こなしている授業を見返すよいきっかけとなった。ていねいに授業づくりをしようと思った。　広島県・女性

明日からの授業に役立つ内容と授業づくりに必要なことをたくさん学ぶことができました。
長門市・女性

話したくなる，聞きたくなる場づくりを具体的な活動の中で教えていただきました。明日からの授業づくりにいかせるように，ねらいをはっきり持ち，子どもたちの声に耳を傾けていきたいと思います。　萩市・女性

意図的なしかけがあり，楽しく講座を受けることができました。子どもたちの気持ちに寄り添った授業ができるよう，今日のことをきっかけにがんばりたいと思います！！
広島県・女性

子どもになったつもりで，子どもの反応を予想しながら進めていくお話が，とてもわかりやすかったです。　静岡県・男性

校長先生に勧められて来ました。ワークショップも講座もどれもすごく参考になりました。また，来たいです。
山口市・女性

とても楽しく受講させていただきました。楽しいだけでなく，子どもたちの前でできることを考えながら受けさせていただきました。ありがとうございます。
萩市・女性

アクティブラーニングの捉えのヒントがあった。国語の授業づくりに興味が出てきました。
山口市・男性

とても刺激になりました。「しかけ」をつくり，子どもが話したくなるような，考えたくなるような授業づくりをしたいです。
島根県・女性

理論を言葉だけでなく，体感させてもらえるので，分かりやすいです。明日にでも実践できるようなことばかりなのがよかったです。　山口市・女性

お二人とも子どもの目線に立った授業づくりのお話で目からうろこのお話がたくさんありました。教材の内容自体の理解も深まり，手立てと共に試してみたい視点がたくさんいただけました。　広島県・男性

とてもわかりやすく，どのように教材，教具を活かして授業をつくっていけばよいのか糸口を見つけさせていただきました。ありがとうございました。
萩市・女性

非常に楽しく参加させていただきました。桂先生のお話を聞くのは初めてでしたが，ＵＤの考え方についてとても勉強になりました。　福島県・男性

国語，算数のどちらも話が聞けてよかったです。「へー，偶然だね。」を使っていきます。
萩市・女性

活動の中で，自分たちの問題として，子どもの思考に寄り添ったのがよかった。　萩市・男性

楽しく学ばせていただきました。「やってみたい」「私にもできそう」と思える内容でした。ありがとうございました。
山陽小野田市・女性

とても楽しかったです。日頃の授業でもっと評価とつなげて考えようと思います。
京都府・女性

本当に明日からでも使えるような内容で大変満足しています。ありがとうございました。私も教室に「笑い」をもたらすことのできる教師になりたいです！
福岡県・女性

ポイントをしぼって，内容や説明が大変わかりやすかった。指導と評価の大切さをあらためて感じた。　東京都・女性

楽しく参加することができました。子どもの立場になり，考えてわくわくしながら活動することができました。長門市・女性

田中先生や桂先生と山口でお会いできる機会をつくってくださって感謝しています。お知らせを受けとった日からとても楽しみにしていました。
防府市・女性

楽しんで学べた1日でした。田中先生は，子どもをよく見ること，桂先生はとても熱い国語の授業でした。分数カルタが楽しみです！！絵がとてもよかったです。　大阪府・女性

山口での初講座。萩の街で維新の志士に負けず熱く語り合いました。

山口宇部空港から萩へ、歴史の道・萩往還を北上。途中、道の駅「萩往還」に立ち寄り、維新歴史記念館「松陰記念館」を見学。会場入りの前に「松下村塾」を訪ねました。

幕末動乱の時代に生を受け「至誠」を貫き通した吉田松陰が、外国の知識を学ぶために密航しようとして失敗し、謹慎中に萩で開いたのが松下村塾です。この学び舎から、高杉晋作、久坂玄瑞、伊藤博文など、明治維新の原動力となる多くの逸材が育っていきました。（2015年のＮＨＫ大河ドラマ「花燃ゆ」のヒロインの文は吉田松陰の妹。久坂玄瑞は文の夫です。）

当初は講座の後に、参加された先生方と一緒に松下村塾を訪ね、記念撮影をしようと考えていたのですが、講座の終了時間が午後５時。11月末の午後５時過ぎと言ったら、真っ暗です。松下村塾に問い合わせたところ「夜間のライトアップはしていません」との返事だったため、講座の後に訪ねるのは無理だと判断し、会場入りの前に立ち寄ったのです。

ところが、私の以前のブログに「講座の後で、松下村塾に行きたい」と書いたのを読んでいらした先生方から「えー、一緒に行きたい！」「暗くても行きましょうよ！」という声があがり、講座終了時、再び夕闇の松下村塾を訪ねました。

世界遺産に認定されているというのに、ライトアップどころか照明もなし、入り口封鎖もガードマンもなし。「これで大丈夫なのか？」と不安になりながらも、何とか記念撮影終了（いまどきのカメラは真っ暗でも撮れるんですね！すごいです）。

再び会場に戻り、懇親会スタート。維新の志士に負けず、熱く語り合いました。

今回は時間が許さず叶いませんでしたが、毛利氏の城下町として260年にもわたって栄えた萩市には、武家屋敷や土塀など、城下町の風情が今でも色濃く残っています。次回は、ゆっくり散策したいな、と思わせる素敵な街でした。

萩の講座・懇親会に参加くださった先生方、ありがとうございました。また次回、山口でお目にかかりましょう！　　　（田中）

萩市を後に、高速道を南下。
飛び込み授業の会場、
山口市立二島小学校を
目指しました。
明治７年開校の歴史ある
小学校には、
笑顔の素敵な子どもたちが
待っていました。

2日目

2015年11月29日（日）

in 山口

山口県山口市立二島小学校

2015年11月29日
山口県山口市立二島小学校 3・4年

大勢の先生方を前に緊張気味の子どもたちに「古今東西山手線ゲーム」を紹介。お題が野菜だったら、キャベツ、なす、トマトみたいに言うよ。
「古今東西山手線ゲーム」
「イエーイ！」

お題は人物。人物は人のこと。スポーツマン、タレント、お笑い芸人、テレビや本に出てくる人、学校の先生、友達でもいいよ。
「うーん、ドラマの中の人でもいいの？」
「マンガでもいい？」

桂 会場の雰囲気にのまれ、子どもたちの顔が硬かったので、まずゲームから入りました。普段別々に授業を受けている3年生と4年生が、はじめて合同で授業を受けるため、全員に一言ずつ発言させることにしました。前に出ている私がオーバーアクションをすることで、子どもたちに「弾けていいんだよ」とアピールしたつもりなんですが…。

田 ゲームでも人物を取り上げて、その後の活動の布石を打ったわけですね。でも、人物が思い浮かばない子もいましたね。

思いつかない人にヒントをあげよう。
隣同士で話し合ってもいいよ。「浅田真央」「なるほど」
おー、いいね、友達の発表には、自分らしく反応するといいよね。

「聞こえません！」の声があがり「聞こえません、をやさしく言うと？」と問いかえすと
「もう一回言ってください」の声が。
「高倉健」「吉田松陰」「久坂玄瑞」「名探偵コナン」「レオ・レオ二」など全員に一人ずつ思い浮かんだ人物を発表させる。

桂 人物から入らず、１から 30 までの数を順番に言わせる、といったレベルを経験させてから入ってもよかったかもしれませんね。

田「聞こえません」の声が出たときに、桂先生が「やさしく言い換えられないかな？」と仕向けたことで空気が変わりましたよね。もう一歩踏み込んで、「『もう一回言ってください』よりも、話した子の心が穏やかになれるたずね方をお隣と考えて、一つずつ言ってみない？」と考えさせてほめると、雰囲気が和むし「聞こえませーん！」という文化をくずすのに有効ですよ。

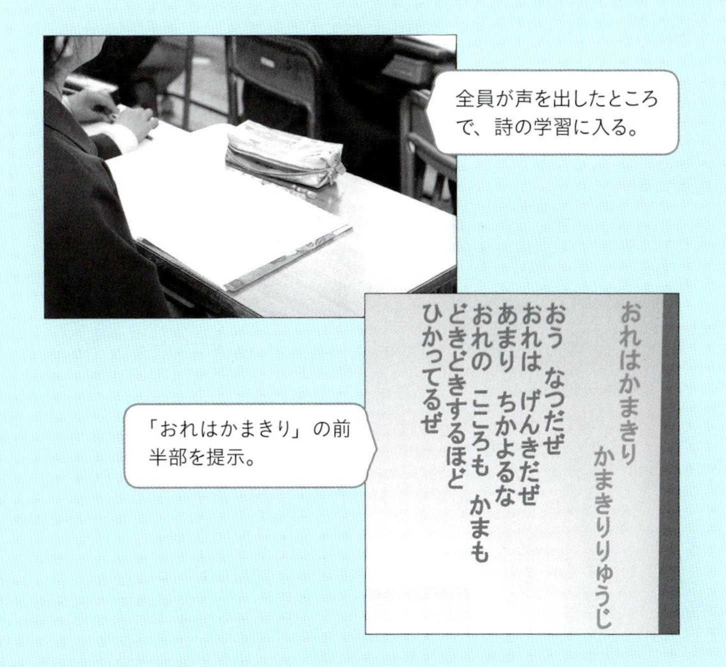

全員が声を出したところで、詩の学習に入る。

「おれはかまきり」の前半部を提示。

田 詩の学習の導入ならば、たとえば全員にいろいろな言い方で「あめ」と言わせてみるというのもよいのでは？たとえば、いま降り出してパラパラという音を聞いたけれどまだ外を見ていないお母さんの「あめ？」と、子どもが遠足に行こうとして玄関を開けた瞬間の「あめ !?」。たった２文字の「あめ」でいろいろな言い換えができるでしょ？

桂 同じ言葉を表現するならやりやすいかもしれませんね。

前半部を読んだあと、全員が立ち上がり、
かまきりになって動いてみる。
おれは元気だぜ！どうやる？ ジャンプする？

かまきりりゅうじになりきった３人に、
前に出て動いてもらう。
拍手。

インタビューします。
あなたたちはかまきりりゅうじをどんな感じでやった？
「いばっている感じ」
「ちょっとこわがり」
「いばり屋」

◆かまきりりゅうじ
いばっている
こわがっている

桂 かまきりの性格をイメージできるように、かまきりりゅうじの動作化をさせました。

田 なりきった３人は、このときどうやって選んだのですか？

桂 全体を見て、いばった感じを表している子、オーバーな動きができている子を選びました。

田 クラスで「え？この子がこんなことするの？」というような子を出させると、「あの子がやるなら、私もやらなくっちゃ！」と思えるかもしれない。飛び込み授業ではわかりづらいけれど、自分のクラスなら、そういう子をがんばらせるのにいい場面ですね。かまきりのかまを振り上げる動きなら簡単だから。

こういう場面で１人はそういう子を使うといい。２人は元気な子にして、１人だけ「この時間に変身させたい」と思う子を探す。変身させたい１人をいちばん先生の近くに立たせて、向こう側の子から順番にやらせます。すると、その子は前の例を見てできるし、先生の横なら安心感も増します。

この詩は一連です。詩ってね、一連、二連と数えるんだ。
説明文はどうやって数える？
「一段落、二段落。」
そうだね、物語文はどうやって数える？　「場面！」
そう、場面。一場面、二場面と数えるね。

くどうなおこさんの「のはらうた」にある詩です。
のはらうた知ってる？
「知ってる！」

おれはかまきり
　かまきりりゅうじ

おう　なつだぜ
おれは　げんきだぜ
あまり　ちかよるな
おれの　こころも　かまも
どきどきするほど
ひかってるぜ

ねえ　あついぜ
ぼくは　がんばるぜ
もえる　ひをあびて
かまを　ふりかざす　すがた
わくわくするほど
きまってるわ

今さっき読んだのは、詩の中の区切りで一連でした。次は、二連を読みますよ。

「あれ？　なんか違う」という声が出る。

桂 さすが、田中先生！　細かく子どもの気持ちに寄り添って考えますねぇ。子どもが安心して授業に臨めることが大切ですね。

田 1時間の間に全員を参加させるというのは、物理的に全員を動かすことではなくて、全員の心を安心させることだから、たった1人への配慮でもいい。「ああ、この子だってこんなに大事にしてもらえるんだ、じゃあ私も大丈夫！」と思えたら、それは全員参加のための準備をしていることになります。

桂 教師の心構え・姿勢は子どもにストレートに届きますよね。

田 全員参加というと、全員が発言するとか、全員が何かをしないといけないと思っているけれど、そうではない。そのための環境づくりをすることです。その子がいつも固定されていると「ああ、先生はいつもあの子ばっかり」ということになるから、その層を何段階か自分で知っておいて、いろいろな層の子に触れるようにする。「ああ、この子たちが大事にされるのなら、私もがんばれる！」と思いますよ。

違うところが3つあります。全員立ちます。
お隣の人と3つの違うところを見つけたら座りましょう。

一連と比べて、あれ、ここは違うんじゃないかな、というところを探してみよう。

ぼくはがんばるぜじゃなくて?「おれは!」そう、おれはだね。
もう一カ所ある。「はい!」「わかった!」半数が手を挙げる。
「いばっているのにあの言葉ちょっとおかしいんじゃないの?」の言葉でほぼ全員が挙手。

「きまってる『わ』は『ぜ』がいい」
○呼びかけ方　「ねえ」→「おう」
○自分の呼び方　「ぼく」→「おれ」
○語尾　「わ」→「ぜ」を確認。

田　ここで全員を立たせたことでメリハリがつきましたね。授業に向かうラインも揃いました。

桂　わかっている子だけが考えるのではなくて、全員で考えるんだ、という目的意識を持たせました。ずっと座っていると集中が難しい子にとっても、立ったり座ったりすることが、集中しやすい環境づくりになります。

桂　隣同士で話し合わせて、はじめは「違うところを3つ見つけたら座ろう」という指示でしたが、3つ見つからず、立っているペアが多かったので「1つでも見つかったら座ろう」と指示を変えました。

田　良い判断だったと思います。全部できなくても、一部でもいいんだ、という心構えでいたい。同じことをたずねるのでも、たとえば「先生はこれかなと思ったんだけど、先生が思ったのはどこだと思う?」と言い換えてもいいのでは?　すると「先生が選んだのはこれだな」と思いつつ、実は自分が考えています。人間は、誰かの考えの予想をするときに、自分で考えるから、分からない子がいたときに、そんな配慮もあるといいかもしれません。

先生は「おれはかまきり」を変身させてみました。
リライト詩を提示し、元の詩との共通点や相違点について確認する。

「あら～ もうなつだわ～
わたくし　おけしょう　ばっちりだわ
おくさまの　ふくも　すてき！
わたくしの　ダイヤも　かまも
ピカピカ　ギラギラ
かがやいてるわ」

どう？
「女になった気がする！」
かまきりりゅうじと変身の詩は人物が違います。

かまきりりゅうじは？「男」
変身の詩は？「女！」
年齢は？
「かまきりりゅうじは 20 歳くらい」

「変身の詩は、『奥さま』とか言っているから 40 歳くらい」

「男は 35 歳くらいで、女は 56 歳くらい」

桂 先の動作化で、かまきりりゅうじになりきってもらい、それを他の子に見せて評価しました。そこでのインタビューで性格を浮き立たせておいて、二連を「ねえ、あついぜ」と変えて示すと「あれ？なんか変」と子どもが気づきます。性格をベースにしながら、感動詞、呼称表現、語尾に注意させると、二連が大体わかる。こうして布石を打っておきます。

田 今度はさらに、リライト詩を示して、イメージを膨らませようという布石ですか？

桂 最終的に、感動詞、呼称表現、語尾を変えて表現することを目指しているので、リライト詩を提示し、元の詩との共通点や相違点について話し合うことで、人物像の違いを確認したり、リライトへの意欲を引き出したりすることがねらいです。

桂 元の詩のかまきりりゅうじとは、性別も年齢設定も、性格も極端に変えて提示したので、子どもたちにもわかりやすく、思っていた以上にいろいろな発言が出ました。「おとめの気持ち」とか「ぶりっこ」「自慢してる感じ」「おばさんぽい」など、やんちゃな意見がたくさん…。

一方で、全体がワーッと盛り上がってきたこの時点でも、発言のない子、話を聞いていない様子の子もいたので、その子の顔を見ながら話すようにしました。

田 大事なポイントですね！大切な言葉は苦手な子の顔を見ながら話すと定着度が上がります。英会話で、ワーッと全体で会話しているときには聞き取れないけれど、Mr.Tanakaと言われた言葉なら聞き取れるのと一緒です（笑）。苦手な子がいたら、大事な言葉は「その5，6人の層に向かって、その子たちの顔を見て話す」これだけでも違うはずですよ。

田 全体が盛り上がってから「めあて」を板書しましたね。いいタイミングだな、うまいなと思いました。

桂 学習課題やめあてを、子どもの気持ちが高まらないまま、子どもたちの気持ちが揃わないままに書いてしまうと、やらされている感が強くなるので、中心となる課題や問題意識が高まってから書くようにしています。

桂 教師が作成したリライト詩をもとに、なんとなく自分もつくれそうだな、という気持ちが湧いてきたところで、「みんなもつくってみない？」と持ちかけました。すぐに「つくってみたい！」「面白そう」と弾むように言う子もいれば、「えー、楽しそうだけど…」「考えられるかなぁ」とちょっと不安そうなつぶやきも聞こえてきましたね。そこで、「どんな性格のかまきりにするか」「性別はどうする？」「年齢はどうしようか？」とふって、人物像を変えて書くのだ、ということを改めて押さえさせました。

田 すぐに思いつく子と、まだ動き出せずにいる子との温度差が感じられる場面でしたね。このあと桂先生はどう展開するのかな？と思って見ていました。

なかなか人物像を考えるのは難しいよね。先生が例を考えてみました。
人物像の設定を仮定したセンテンスカードを提示。裏返しにしてあるんだけど、めくりたい人？

Ⓑ　男なのに女っぽいおねえかまきり
「おねえはいやだ！」

誰かひきたい人！の言葉に威勢よく手が挙がる。
Ⓔ　方言でしゃべる山口県かまきり
「ちょる」「うち」

ここで、まだ発言していない子を指名。
「Ⓐがいい」
明るい性格のフナッシーかまきり
「なつだナッシー」

まだ発表していない人。
Ⓒ　99歳の元気なじいさんかまきり
Ⓓ　こうきしんいっぱいの宇宙人かまきり

桂 動き出せずにいる子が多かったので、人物像の設定を仮定したセンテンスカードを使いました。事前に5つのカードを用意しておいて、ホワイトボードに伏せて貼り、子どもにめくらせました。このようにカードやクジを引くといったゲーム性のあることであれば「やりたい！」と手を挙げる子もいますので、授業参加のきっかけづくりにしたいと思って取り入れています。

田 桂先生の意図があってのことだとは思いますが、カードの例がちょっとくだけ過ぎているように思いました。極端に弾けたものを見せておくことで、子どもに自由な発想を求めたのだと思うけれど…。
　せっかく、子どもが「ちっちゃい子どものかまきり」とか「はずかしがりやのかまきり」をつくりたいと言っているので、それに乗ってみてはどうかな。

桂 確かに…。ある子どものアイデアに乗って、全員でその表現を考えてみるという場面をつくるといいですよね。

Ⓔ Ⓓ Ⓒ Ⓑ Ⓐ

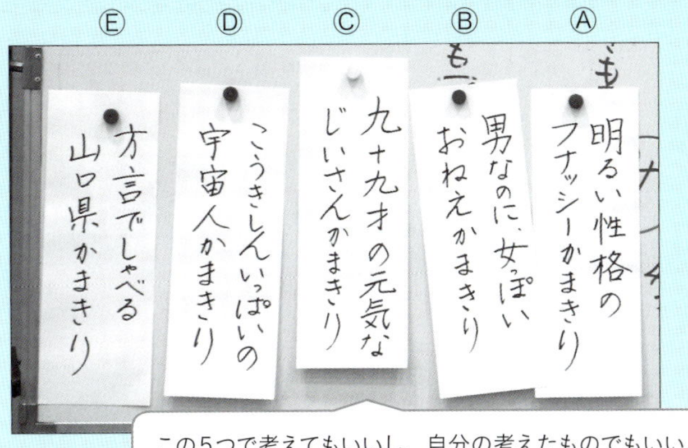

この5つで考えてもいいし、自分の考えたものでもいいよ。「なつ」と「かま」は必ず入れてください。

呼びかけ方、「おう」のところをどう直すか。
自分の呼び名「おれは」のところをどう直すか。

最後、後尾「ぜ」のところをどう直すか。
「おう」「おれ」「ぜ」をどう直すか。

ノートに「性別、年齢、性格」を書いてみよう。一連だけでいいですけれど、書ける人は二連も書いていいですよ。

桂「もしも○○だったら、どんな表現になりそうかな？」と人物像を仮定して、様々な表現を引き出すように仕向けました。「男なのに女っぽいおねえかまきり」だったら、「おう」のところは「ねえ」になるね。「おれ」じゃなくて「わたし」かな？「ぜ」は「よー」になるかな？というように例を挙げ、人物像に合った言い回しを想定して、リライトに向き合う姿勢を整えました。

田 プロジェクターでその時々の課題を効果的に明示していましたね。このときも「人物像（性別、年齢、性格）を変えて詩を書こう」と示して、どこを変えるのか、どんなふうに変えるのかが見ればわかるようになっていました。子どもたちは往々にして「いま何をやるんだっけ？」という状態になりますから。

桂 そうですね。教師は教えたつもりでも、子どもはわかっていないことが多いですからね。「いま、これを伝えている」としっかり示さないと、子どもには伝わりにくい。理解力の優れた子はわかるかもしれないけれど、いちばん苦手な子にはわからない可能性が高いので「明示的」な授業を大切にしています。

先生が書いたのでも
最初の「古今東西山手線ゲーム」で
言った人物でもいいですよ。

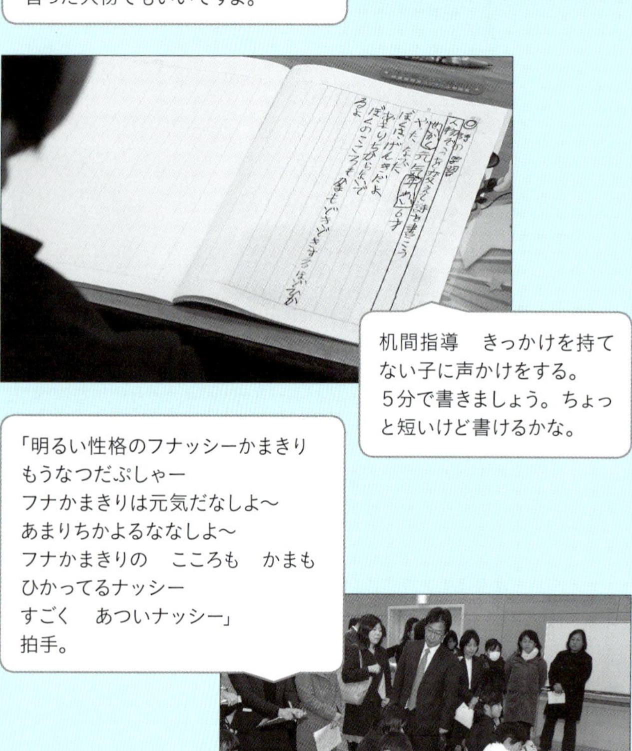

机間指導　きっかけを持てない子に声かけをする。
５分で書きましょう。ちょっと短いけど書けるかな。

「明るい性格のフナッシーかまきり
もうなつだぷしゃー
フナかまきりは元気だなしよ〜
あまりちかよるななしよ〜
フナかまきりの　こころも　かまも
ひかってるナッシー
すごく　あついナッシー」
拍手。

「こうきしんいっぱいのかまきり　男　18歳
おう　なつだぜ
ぼくは　きのぼりしてるぜ
いっぽでも　ちかよるな
ぼくの　こころも　かまも　ちかよれないほど
いたいぜ」

田　机間指導しながら、こまめに声かけをされていましたね。時間がなくて、５分で書くように指示していたから「書けるのかな？」と思っていたけれど…。

桂　そうなんです。時間が短すぎて「厳しいかな」と心配したんですが、みんな結構書いていました。「発表したい！」と言う子も思った以上に多くて、驚きました。こういう場で発表すると自信につながるので、もっと読んであげたかったんですが。

田　今回は書けていたけれど、もしも書けない場合は、どのように指導するのでしょうか？

桂　やはり書き出しが難しいので、１行目をみんなで考えて、一緒に書いてみます。
　それ以前に、一連を出して内容を体験し、二連で「なんか変だな」というのを出して、表現につなげる布石としています。ただし、ここで「書きましょう」と言ってもまだ無理だろうし、先生が書いたもので示されても気持ちが乗らない。だからみんなで人物像例を考えて「ああ、こんなに面白いように書けるんだ」と実感し「書きましょう」という流れにします。しかし、どうしても１行目が書けない場合は、書き出しを一緒に考えるといった流れになります。

「性格は元気で　子ども6歳、男
やったー　なつだ
ぼくは　げんきだよ
あまり　ちかよらないで
ぼくの　こころも　かまも　どきどきするほど
ひかるよ～」

「せいかくは　おせじや　女　10歳
わぁーお、もうなつ
わたしは　げんきだわー
あなたは美人で　わたしはふつう
それでも　かまは　きれいだわ」

けっしん
かぶとてつお

つよく　おおしく　いきる！
それが　ぼくの　けっしんです
でも　ときどき
むねの　やわらかいところが
なきたくなるのね
……
なんでかなあ

「かぶとてつお」「にじひめこ」
いろいろな人物像があります。
どんな人物像かな、性別はどうかな？　どんな性格かな？
何歳くらいかな？などと考えながら詩を読んでみてください。

おいわい
にじひめこ

きょうは
うれしいことがありましたので
のはらに
リボンをかけました

ぜひ、「のはらうた」の人物像に注目しながら、楽しく読んだり書いたりしてみてくださいね。

田 最後に「こぶたはなこ」「かぶとてつお」「にじひめこ」といった「かまきりりゅうじ」以外の「のはらうた」作品をパッと見せて終わりました。あれにはどんな意味があったんですか？

桂 この授業のあとに、さらに他の詩を読んでみたいな、と思えるように仕向けて終わりました。かまきりりゅうじの人物像を理解して、それを使って自分なりの表現をするだけではなくて、他の詩や物語を読むときにも、人物像に気をつけて読んだこの授業を生かしてほしいと願っています。授業のユニバーサルデザインのモデルで言えば、「理解」だけではなくて、「習得」や「活用」の場面をつくっています。人物像に注目して読んだり書いたりする楽しさを感じてくれるといいですね。

田中博史の算数授業

探究的な活動を通して 算数的表現力を育てる「5cm²の形の秘密」

2015年11月29日
山口県山口市立二島小学校5・6年

学年別に座っていた6年生と5年生を隣同士に並び変えて授業スタート。

「私は1年生の担任をしています。君たち1年生の担任の先生のこと覚えてる？　お隣の人に、どんな思い出があるか話してみよう」学年違いの友達と話して和ませる。

田　5・6年の複式学級を想定し、学年間の学力差があることを前提に、異学年のペアになるように座席を変更。1年生のときの担任の思い出を対話させましたが、高学年になると1年の担任のことは忘れている様子。それでも、隣同士が一生懸命「話そう・聞こう」としている姿勢をほめて授業に入りました。

桂　席を変えたのはよかったですね。「お兄さん・お姉さんに助けてもらおう」という田中先生の言葉通り、このあと隣同士の協力体制ができました。

「問題文を書きます。先生が書き始めたら皆さんも同時に書き始め、先生が書き終わる前に書き終わります」の言葉に「え?」。

「そんなの無理?　無理かどうかやってみるよ」「問題」「点と点を」と書いて机間に入る。

「君たち姿勢もいいね」と声かけしながら一回り、「直線で結んで」でまた一回り。遅れている子がいないかどうかを確認。

「面積が」「5cm²になる」「形を」「作りま」「しょ」「う。」先に書けたね。先を読むことができたのはすごいよ。

田 問題文を書くときは、小刻みに書き、細かく机間を回って、乗り遅れない子がいないように仕向けます。長い文章を書いてからでは、ようやく動き出そうとした子どもたちの気持ちが萎えてしまいます。「この先生は私たちの歩調に合わせてくれる」という安心感を持たせるねらいもあります。「作りま」で止めると「作りましょう。」と書き終える子、「作ります」かも知れない、と立ち止まる子もいました。こうすると、問題文を書くだけでも集中して盛り上がります。

桂 いつもながら「うまいな」と思って見ていました。「作りま」で止めたとき、田中先生の「なるほど、いるね、勝負に出るのが」という言葉で引き締まり、全員の気持ちが揃って授業に向かうスタートラインが揃いました。

問題文を確認してから、全員に点が並んだ用紙を配布。
「点と点の間が1cmになるように作られています。5cm²の図形ですぐに思いつくものある?」

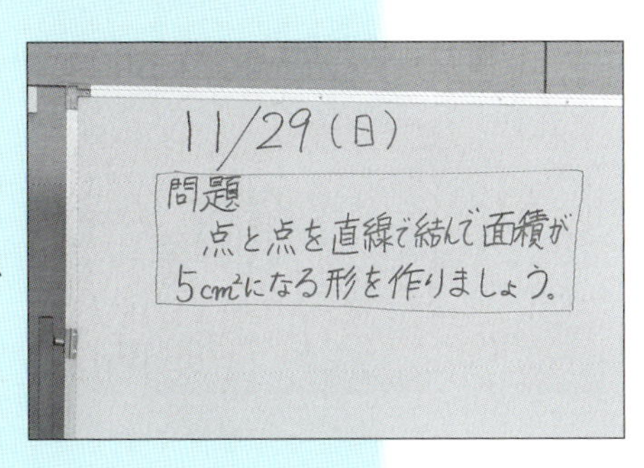

田 空中に描く気軽さが全員に参加させるきっかけになります。このときは、空中に描かせる前に全員を起立させ、図形を思いついたら座るように指示しました。全員が着席したのを受けてから、再度全員に指で空中に描かせ、そのうえで紙に向かわせました。こうすることで、全員が「自分も考えるのだ！」という態勢に入ることをねらっています。

田 机間を回りながら子どものつぶやきを拾います。「点と点の間を使いたくなる人がいるみたいだけれど、点と点を結ぶよ」と確認しておきました。

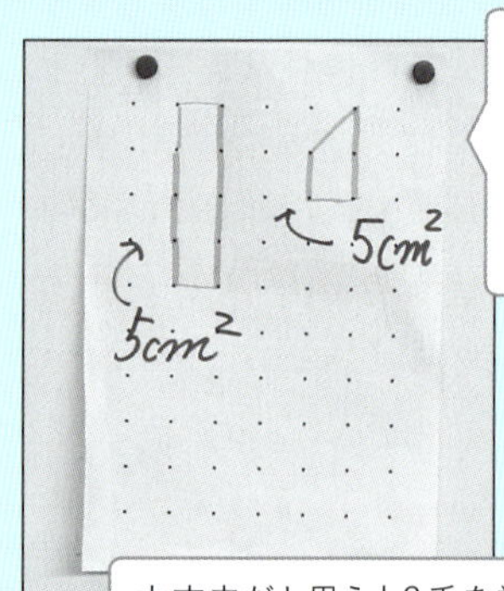

桂 4㎠と1.5㎠の誤答は、揺さぶるために出したものだと思いますが、実際に子どもたちが描いていたんですか？

田 実際に描いていました。1辺5㎝・面積25㎠の正方形を描いた子もいました。私はいろいろなところでこの授業をしますが、4㎠と1.5㎠の2つの誤答は必ずと言っていいほどよく出てきます。4㎠と1.5㎠では明らかに広さが違うのに、最初から疑う子があまりいなかったから「これでいいよね。大丈夫だよね」と念を押しました。

でも、先生はこの人がここで止めた気持ちはわかるんだ。
5 cm^2 と言われて、ここで止めちゃった人の気持ちがわかる人？

「点を1，2，3，4，5と数えると4 cm^{2}分になる」「点を5つ数えちゃったからだ」

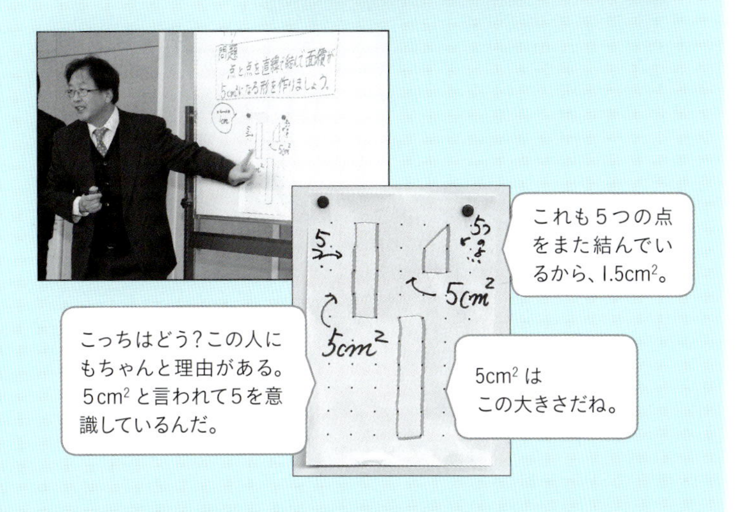

田「間違いを生かす」とよく言いますが、間違いは「次の人の解決のための手がかり」になることが多いのです。私は、間違いそのものが、この授業の中心になるように仕向けています。こうして間違えたからこそ、この話題が次に出てくる。

桂 それで「間違えた子の気持ちがわかる」のように言われたのですね。

田 いままでは「この子の気持ちがわかるかな？」と聞いていましたが、最近は「先生も気持ちがわかる！」と宣言するようにしています。「なるほどね、ここで止めた人の気持ち、先生もわかるんだ」と言うと、「ああ、先生もそう思うことがあるんだ」と、子どもたちが安心する。

前半の失敗のところはケアをしないと、次から元気になってしゃべってくれませんからね。

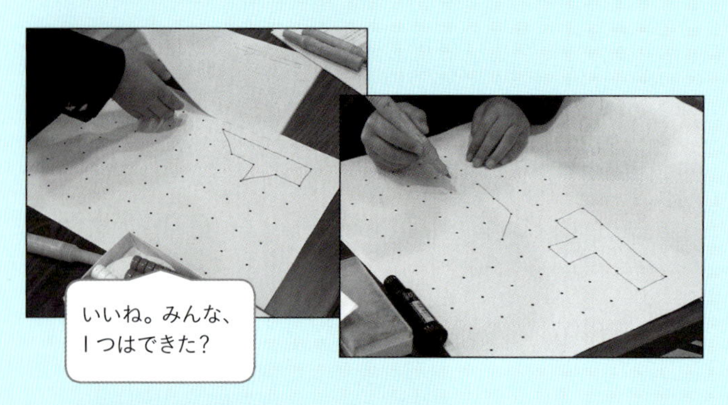

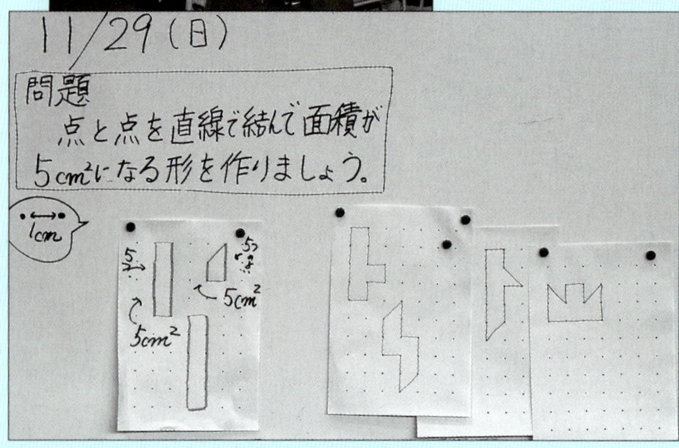

桂 斜めの線も布石ですか？つぶやきを踏まえて、強調して、他の子にも斜めの線に目を向けさせるように仕向けましたよね。

田 仮に斜めの線に目を向ける子が全くいない場合でも、「なるほど、斜めの線も使えるのか」と、そこで勝手につぶやいてしまう（笑）。ときには、そういうふうにして、視点の変更を促してやるのも手です。全くない場合には、先生のほうから新しい視点を促してもいい。

桂 5㎠をさりげなく「5マス分」と言い換えましたよね。

田 そう。「要するに5マス分を作ればよかったんだね」と言いました。この時点で、また「縦×横」とやろうとしている子がいるんだけれど、そうではなくて「マス目が5つになればいいんだよね」と言って、作業ができるように仕向けました。

実はこのとき、たくさん作っている子と、作れない子がいました。そこで私は「みんな1つはできたね」と言っています。ともかく1つ作ってくれるまで待った。「1つはできた」そこが全員を揃えるところです。

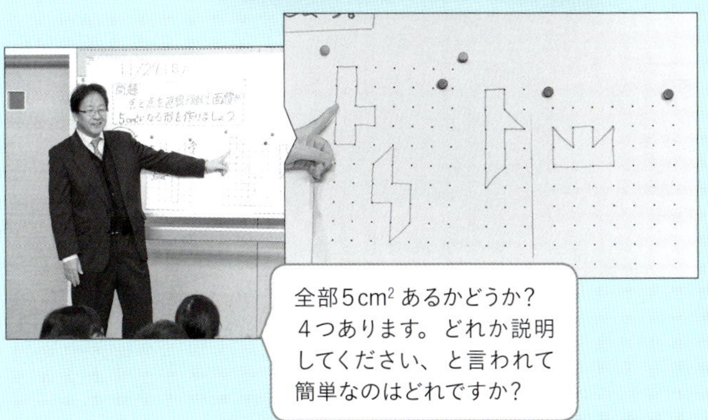

桂「苦労している人もいるから紹介するね」と、何人かに5㎠の図形を描かせて貼り出し、全員を前に呼び寄せましたね。

田 5㎠になっているかどうかを確かめるために前に集めました。貼り出した図形を描いた子も、みんなすらすらできているわけではなくて、作ったけれど「まだ不安なんだ」ということを共有させるために「確かめよう」ともちかけているのです。

桂「ダメならあてないから」と言ったらみんな動きました。

田 そう。みんな不安なんだ。わからなくていいんだ、という空間になれば子どもは動けます。

桂 1人の子が説明したら、「いまの説明をもう一度言える?」と投げかけて、別の子に同じことを言わせましたね。

田 1人の子が話したら、教師がすぐにそれを受け取ってまとめてしまうことがよくあるけれど、それでは子どもの学びにならない。別の子に言わせることで、聞く態勢も整うし、同じことを話すなら話せる子もいますから。

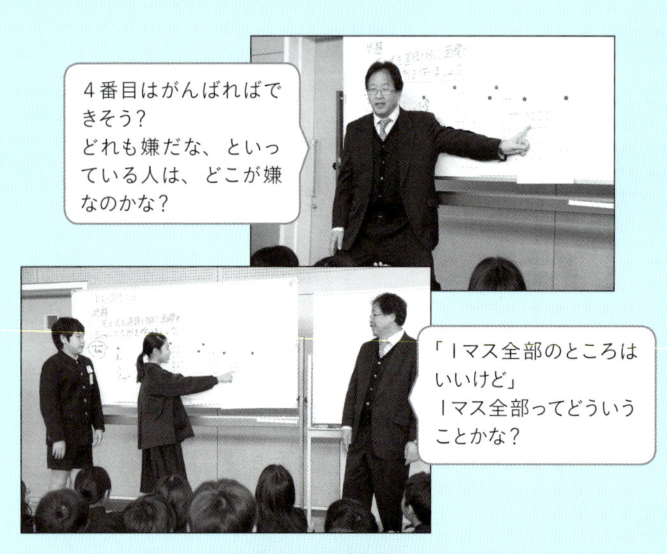

田 4つのうち、どの説明が嫌か、と聞いたら、1人だけ全部嫌だ、と言った子がいました。そこで、どこが嫌なのかを聞きました。その子に発言させるだけではなくて、「どこが嫌なんだと思う？」と投げかけることで、友達がその子の苦手なことを想像して言葉をたして言ってくれました。他人の考えを想像して話すというとき、人は自分の考えを話します。自分の考えをストレートに話すのは難しくても、友達の考えを想像して話すとなるとハードルが下がりますよ。

桂 表彰台のようになった4マス分はわかるけれど、三角の部分が不安…となったとき、田中先生は「難しいんだよね。じゃあ諦めよう」と。あの言葉遣いのテクニックはすごいですよね。子どもたちが「えー」っと、がぜんやる気を出しましたからね。

田 子どもは火がつくと一気にパワー全開になりますからね。

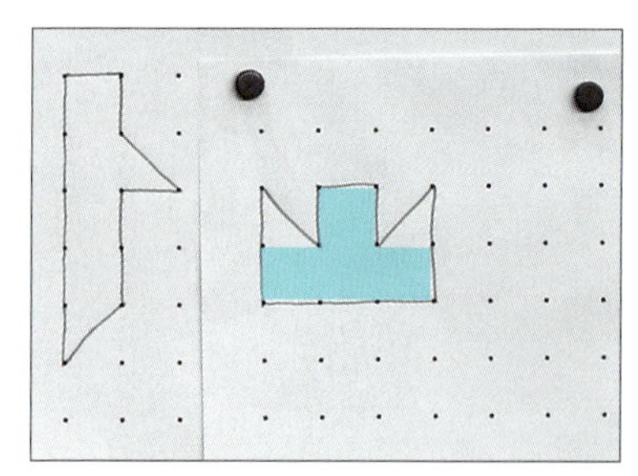
子どもが言う表彰台のところとはこの部分

桂 子どもたちが前に出たあたりで、5年、6年という垣根は全くなくなりましたね。みんな生き生きとした顔で、ワイワイ言っている感じが伝わりました。

田 ぎりぎりまで、完全な正解だということを伏せている。まだこの時点では、発表している子どもたちにも、不安なんだ、という例で使っているし、比較的確かめやすいものにしてあるから、理解がスムースなのです。

桂 ここで共通点である12を見つけさせました。

田 私が机間指導で拾い、ボードに貼ってあるのは12個の点のモノだけ。もちろん意図的にデータを収集していますが、意図的だとは見えなかったでしょう？　よく、座席表などで記録している先生がいるけれど、あれをやると「はい、つぎ」と指名するときに、何かを考えて指名していることが、子どもたちに見えてしまう。私は「ああ、これいいね」と言いながら、適当に、無作為に取っているように見せている。

桂 だから「あ、12だ！」という驚きにつながるんですね。

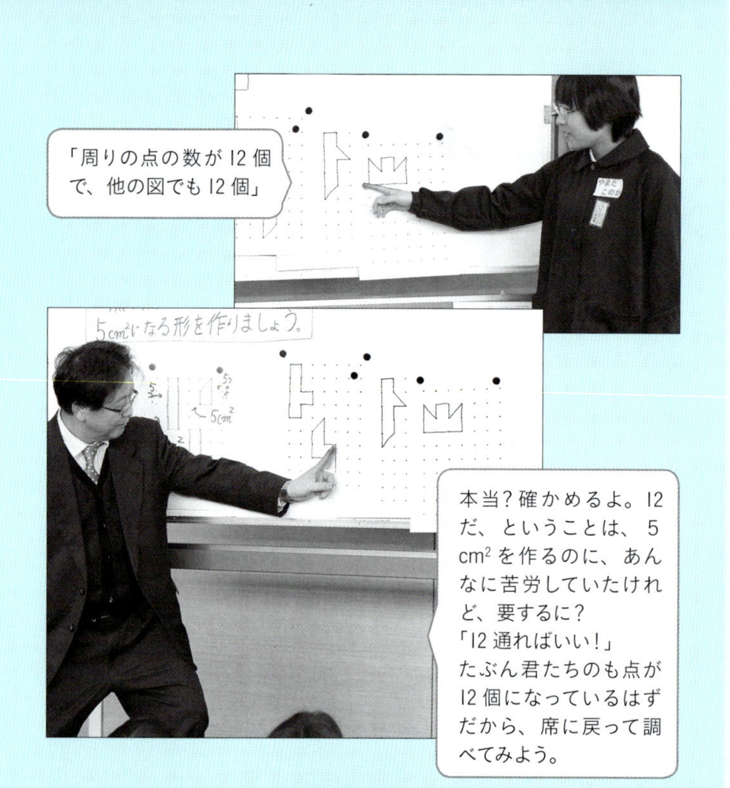

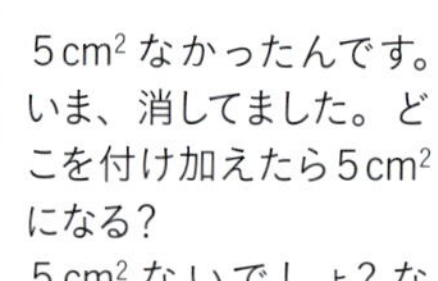

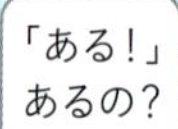

田「あ、12だ」とみんなが口々に言っているときでも、まだわかっていない子もいます。だから「12ってどういうこと？」ととぼけて、12個の点をつないでできている形だ、ということを子どもの言葉で説明させました。

確かめている最中に別のことに気づく、というストーリーになっている。それが最初に間違えた点の数になっている、というふうにつないでいるんです。

桂 全員が自分の作った図形も12になっているはず、と思って自分のノートを見てみたら、「あれ？　違うのもある」という流れ。実際に、ノートを消している子の図形を取り上げて、「こんな図形でした。でも、5㎠ないから、消している」と見せて揺さぶりましたね。

田「12個の点をつなげばいい」という流れから「私のは10個だよ」「私のは8個」という声が出たところで「10個や8個のは面積が5㎠ないんじゃないの？」とさらにとぼけました。

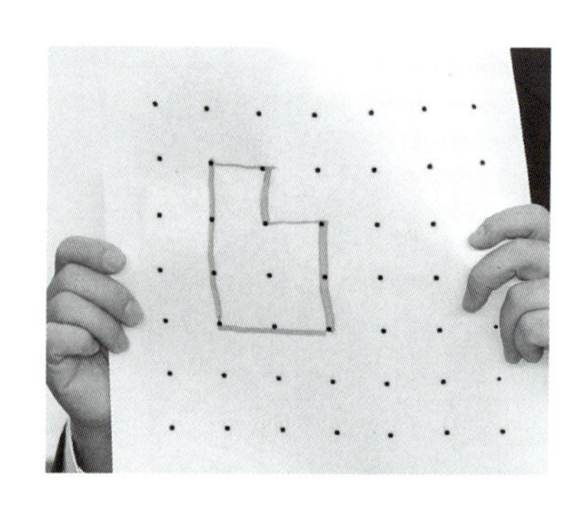

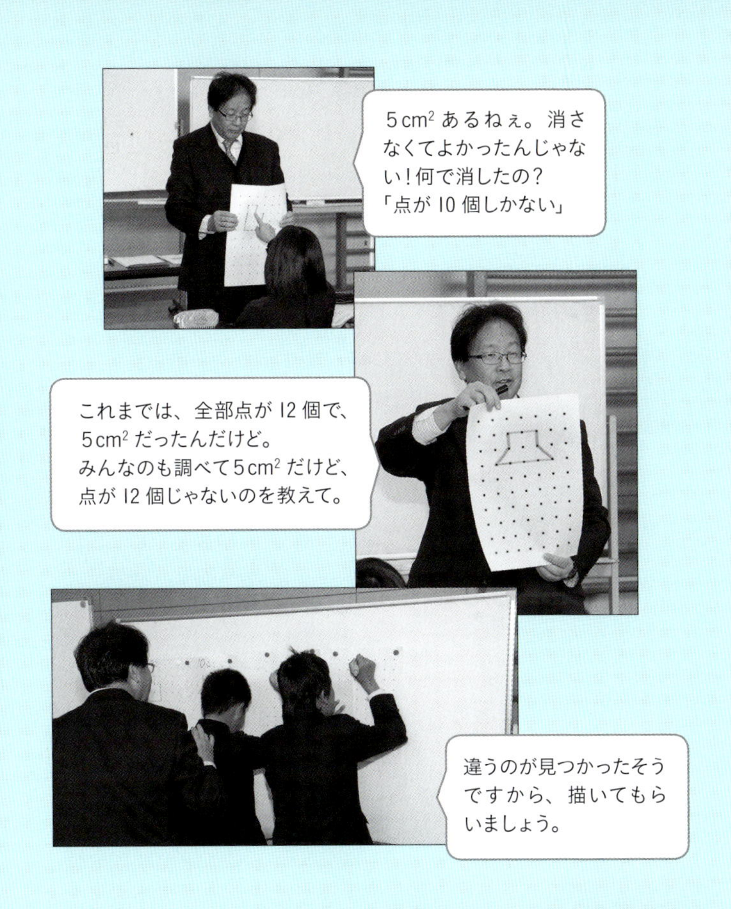

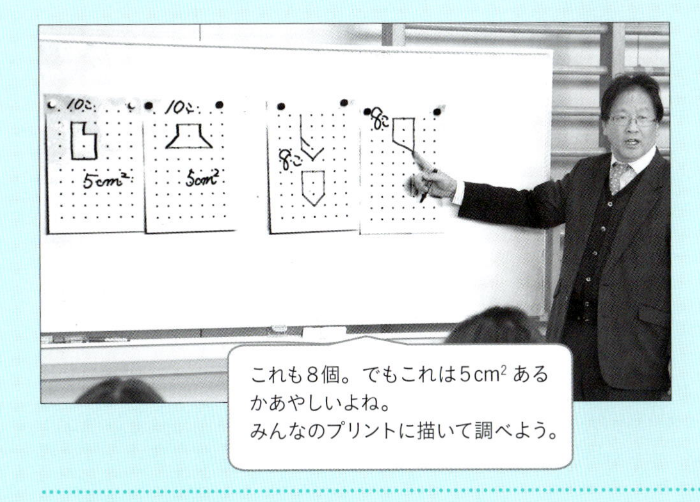

田「10個でできた」「8個でできた」という子どもに、前に出て図形を描いてもらいました。

桂 このとき田中先生が「前に出て描くと、結構緊張するんだよね。ああ、上手。斜めの線もうまく引けるんだね」とつぶやいていました。ああいう優しい声かけも、子どもたちに安心感を抱かせるのだろうな。寄り添う気持ちが伝わるなあ、と思いながら見ていました。

田「ここまでは4㎠。この◸は どう？無理かな？」とたずねると、不安そうな顔が見えました。そこで、「三角形の面積の求め方を思い出そう」と言って、全員を起立させ「お隣同士で話し合って、納得したら座ろう」と促すと「あやしいから、立っておこう」というペアが3組。

桂「わからない」「あやしい」と言えたのはよいことでしたね。

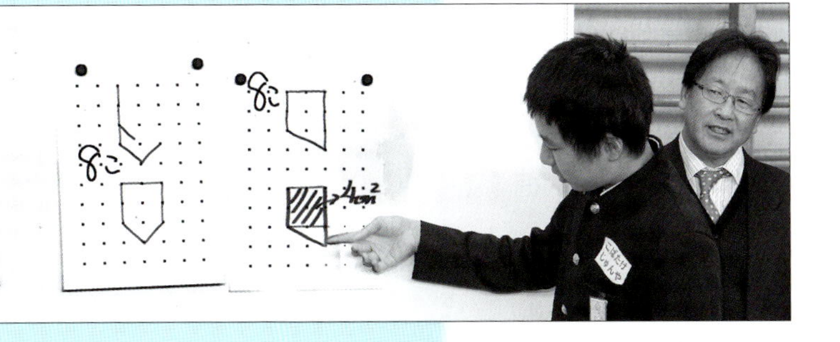

田 きまり発見の授業にするのであれば、できた図形を結んだ点の数と内側の点の数で整理して、子どもたちがどのような目の付け方をするのかを待ちます。

結んだ点 12　内側 0
結んだ点 10　内側 1
結んだ点 8　内側 2

というように考えさせるのですが、今回は時間がなく、子どもたちの量感覚が希薄になっていることのほうが問題だと思ったので、後半のウエイトを軽くしました。

桂 だから「よーく中をみてごらん」になったわけですね。きっと言いたくないんだろうな、と思いながら見ていました(笑)。

桂 田中先生の授業は布石の連続。わし掴みの評価もすごい。子どもをぐっと引き寄せ、その子の言葉を使って、全員を安心させる術は何度見てもさすがです。

田「くやしい!見つからなかった!」と言ってきた子どもたちが可愛いかった。彼らが、結んだ点の数とその内側にある点の数の変化の関係性に気づき、その変化の期待を基にして新たな図形を考えてみようと取り組んでくれることを願っています。

S君が言ったことをゆっくり巻きもどすよ。「中に」「ある」とふると「点！」「点の数！」
そうか？じゃあ、中の点を数えてみるよ。

10個の形の中には？「1つ」8個の中には？「2つ」
じゃあ、12個の中には？「0」
君たちがいま見つけたことを書いてみるよ。
12個のは、中が0
10個のは、中が1
8個のは、中が2
「あ！　じゃあ、周りが6個で」「中が3個！」
え？　それが見つかったらすごいね！

1分間で見つけられるかな？まず、無理だと思うけど。
おしいところまでいってるなあ。
じゃあ、ないのかな？ないのかもしれない。

「おー」Mちゃん見つけました！
6個で3個の形はありました。でも、まだ5cm²かどうかをみんなで確かめていないから、試してみてください。
5年生、6年生よく協力して授業に参加してくれました。
ありがとうございました。

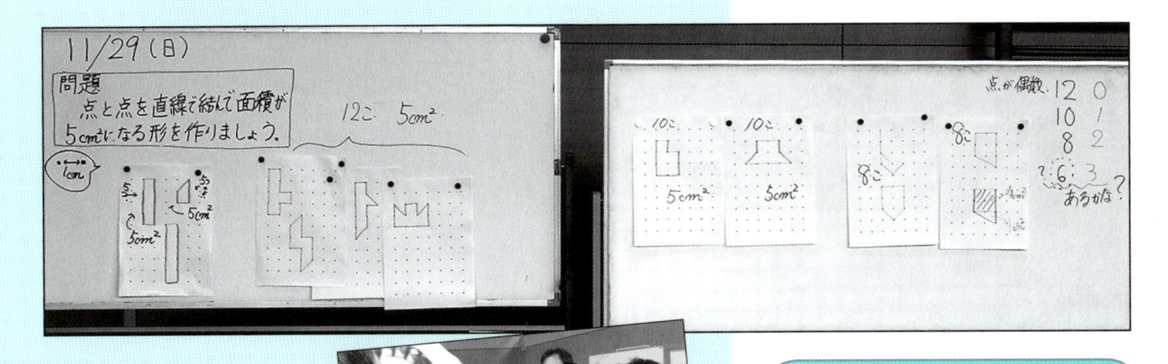

「くやしい！中は3個だったけど！」
もう少しだったね。

読者の先生に問題
周りが6個で中が3個、周りが4個で中が4個を作ってみましょう！〔答えは次ページ〕

点と点を直線でつないでできる5㎝²の形　たくさんできます！
読者の皆さんも見つけてみてください！

周りが12個で
中が0個は？

もっとありそうだね。

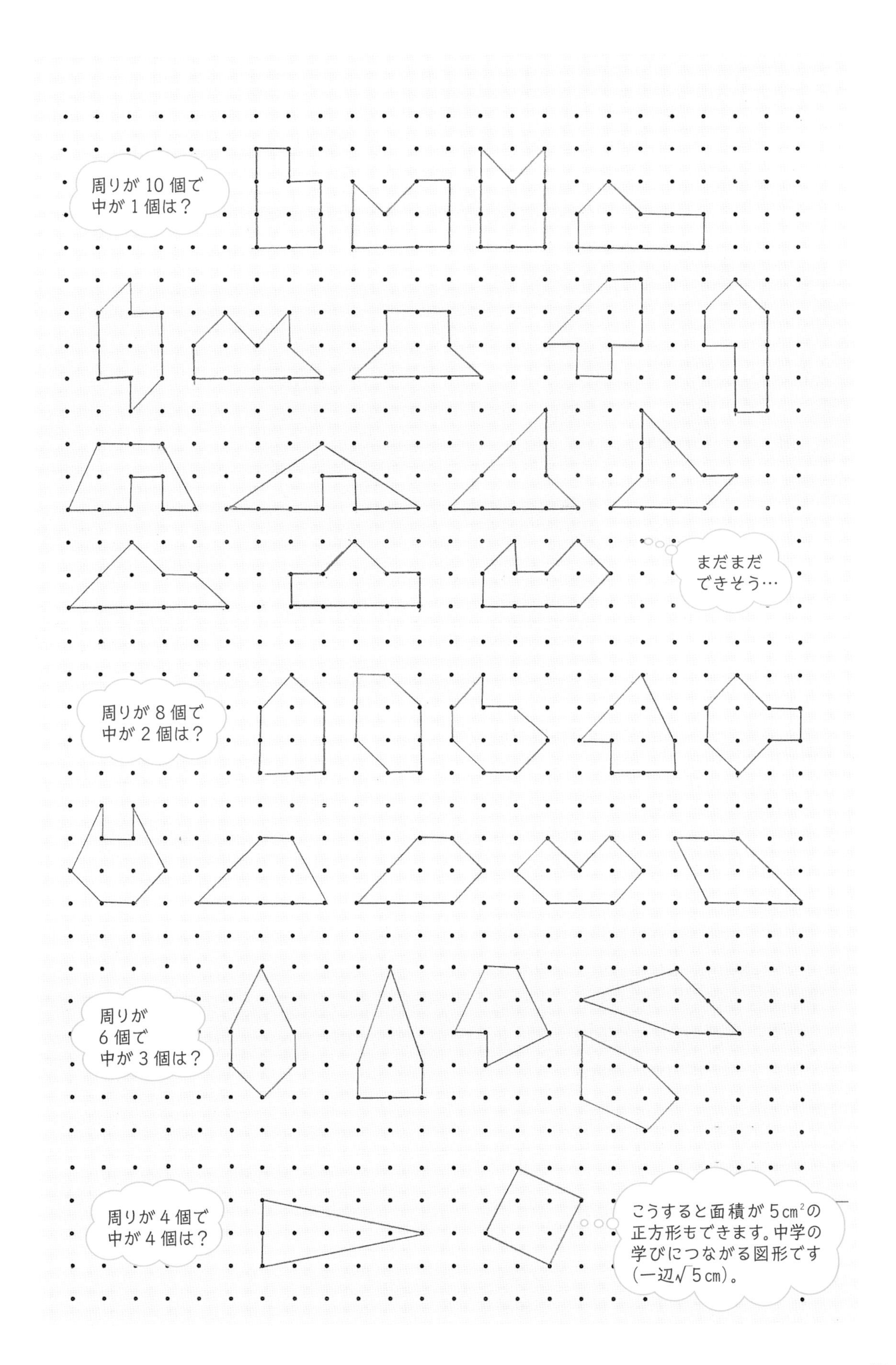
周りが 10 個で
中が 1 個は？
まだまだ
できそう…
周りが 8 個で
中が 2 個は？
周りが
6 個で
中が 3 個は？
周りが 4 個で
中が 4 個は？
こうすると面積が 5㎠の
正方形もできます。中学の
学びにつながる図形です
（一辺√5㎝）。

楽しさと学力定着の両立
～テストにも強くなる全員参加の授業～

司会：山口市立二島小学校
校長　中村浩司
(取材時の所属です)
シンポジスト：田中博史・桂　聖

全員参加の授業をつくる

中村：本日はありがとうございました。桂先生・田中先生、お二人の授業を間近に見ていただいたことが、皆さんへの何よりのおもてなしになったのではないか、と思っています。まずは「全員参加」にスポットを当てて、国語の授業について、桂先生からお願いします。

桂：まず１つ目に「指導内容」にスポットを当てることが大切です。国語という教科は「何を教えるか」が非常に難しい。まずそこにスポットを当てないと、学力、全員参加、楽しさにいけません。

今回は「詩」を扱いましたが、詩も物語の１種だと考えています。物語では、作品の設定、視点、表現技法、中心人物の変化、主題といった読み方があります。今回の授業は、作品の設定の「いつ、どこで、だれが、何をした」の中の「だれが」にスポットを当てた授業です。

人物像にスポットを当てて読むとは、性格、年齢、性別に気をつけて読むということです。

ただし、「人物像に気をつけて読もう」というのが、かまきりりゅうじは「いばっているよね」「強がっているよね」とわかっただけでは弱い。つまり理解するだけでは弱くて、それを自分なりに表現してこそ、他の詩を読むとき、あるいは物語を読むときに、人物像にスポットを当てて読めるということです。「理解したことを表現する」ことを通して、次の理解につながると考えています。

ですから、かまきりりゅうじのことがわかって終わりではなくて、かまきりりゅうじの人物像を理解し、それを自分なりの視点で表現する。さらには「他にもこんな詩があるよ」と活用場面をつくることで、他の詩も読んでみたいと思えることを視野に入れて授業をしたつもりです。

次に「授業のストーリー」を大事に考えています。まず、かまきりりゅうじの内容理解では、前半に動作化をし、動作化する中で表現を取り上げ、特にいばっていることを強調して次に移りました。

かまきりりゅうじの人物像だけがわかっても不十分です。かまきりりゅうじの人物像という内容理解をして、性別、年齢、性格という人物像の論理に気づき、呼びかけ方、自分の呼び方、語尾を変えて、自分なりに表現するといったストーリーになっています。

でもストーリーを想定していても、子どもとのやりとりの中で、なかなか気づいてくれないとか、ここは時間がかかるとか、横道にそれるといったことがあります。

そこで3つ目として「即時的な対応力」が大事になってくると思います。

今回の飛び込み授業は、22人の子どもたちでしたが、2, 3人ちょっと理解が厳しいな、という子がいました。その中でもいちばん厳しいなという子にスポットを当てて授業をしたつもりです。

その子は、なかなか発想が広がらなかったのですが、途中から表現ができるようになりました。

最終的に表現することは全員できたと思いますが、授業の最初が延びて、書く時間が十分取れなかった。もう少し時間がほしかったというのが本音です。

田中：桂先生に質問。子どもが人物像の視点を変えるためだとは思うけど、少しふざけすぎかな、と私は思ったのだけれど。授業中に子どもが「小さなかまきりでやりたい」と言いましたよね。なぜ、あれを使わないのかな？　桂先生が用意したものに、つき合わねばいけないのか？　という点、桂先生の思いもあると思うので、そこをもうちょっと話していただきたい。

桂：なぜ、あそこまで出したのか、と言われれば、子どもたちの発想がなかなか広がらないから。だから、あそこまでくずしてもいいんだ、ということがわかれば、その中間くらいのものも出てくるかな、と思って、あえてくずしたものも出しました。

発想の広がりを促すためですが、田中先生がおっしゃる通り、子どもから出た「小さなかまきりでやりたい」ということにつき合ってもよかったかもしれません。小さなかまきりだとしたら、たとえば「最初の『おう』というところをどうするの？」とか、そのあたりをもう少し具体的に聞けばよかったなと思いました。

今回は、かまきりりゅうじの「人物像」を変えましたが、受け持ちの１年生で「のはらうた」を学習したときには「事件」を変えました。もしも、かまきりりゅうじが「運動会をするとしたら」どんな話になるか。もしも、かまきりりゅうじが「ハワイに行ったとしたら」どんな話になるか。

先ほど言ったように、「いつ、どこで、だれが、何をした」の中の「何をした」は事件です。その事件を変えることで書く授業をしました。

そのときも、子どもの発想を広げるために事前に５つの事件を用意しておいたのですが、「どんなことがあるかな、思いついた人」と言ったら、子どもがバンバン意見を出して、結局その５枚のカードは使わないで終わったんです。

先ほど「即時的な対応力」と言いましたが、田中先生がおっしゃるように、子どもの出方に応じてそれにつき合うとか、用意しておいたカードを捨てるとかを、今日もすればよかったなと思いました。

田中：私はあそこに出てきた５つのカードによるくずし方に種類が欲しいな、と思いました。短冊を変えるごとに種類が異なればいいけれど、すべて傾向が同じでしたよね。そこの種類を用意しておくと、子どもによってはおふざけモードよりもセンスのよさで選ぶ子もいるはずです。

彼らが、桂先生がくずしたいと思ってくずしたあと、もしも行き過ぎておふざけモードになった場合に、どうやって元に戻すのかな、と思いながら見ていました。一生懸命やった子があとから叱られたらかわいそう。そのきっかけをつくったのは先生だから（笑）。

もう１点は、この授業が終わったあと、桂先生はどんなテストをするのでしょうか。楽しくやったけれど、どんなふうに評価するか。楽しい学びとその評価、その２つを我々は課題として背負っていると思いますが。

桂：この授業のあとにテストをするとしたら、人物像のテストですね。文章を出して「これはどんな人物像ですか？」と言ったときに、性格や年齢や性別が書けるかどうかを見ます。もっと細かいことを言うと「もしもこの人物像だったら、最初の一文目をどう変えますか？」というような問題ですね。

授業でもやりましたが、呼びかけ方（感動詞）、自分の呼び方（呼称表現）、語尾、その３つに注目して変えられるかどうかを出題したいと思います。

中村：１時間授業のテストがそれというのはわかりますが、一般に授業されている先生方はずっと単元をつないで最後にテストをされると思います。今回の授業をどうつないでいって、単元末のテストに向かわせますか。

桂：「のはらうた」の詩で単元をつくったとすると、比喩表現、会話文が出ているとか、リズムなどの表現方法の確認は大切ですね。そのあたりの問題をつくって評価したいと思います。

能動的な参加を促す

中村：では、今度は算数の授業について、田中先生からお願いします。

田中：私は、全員参加の授業を全員発言の授業だとは思っていません。全員参加とは、全員の気持ちが引き締まって「自分も参加するんだ」という環境づくりをしてあげることかな、と思います。

ですから、最近ペアトークがはやっていますが、私は子どもたちのペアトークは使う場面を意識しなければいけないと思っています。問題を投げかけた後に、解答が複数出るような場面で最初からペアトークをすると拡散してしまって、各テーブルで行われている話し合いがつかめない。いったい何が行われているのかを教師が把握できません。

だから、そのあとの授業展開に使えないので、スタートのとき、まだ何も方向性のない段階でやるペアトークは、要注意だと思っています。今回私は「自分がもしもあてられたら、どのような発表をするか練習してみましょう」と促してペアトークをやりました。話題は1つに集約されているので、同内容の発表の練習になります。

よく考えると、私たちは技能や計算は繰り返し練習させるのに、発表する場面は練習させません。発表は一発勝負。授業中に突然あてられて、みんなの前でがんばって話す。それで終わってしまうことがほとんどですが、私は、発表にも練習が必要だと

思っています。

実際に自分の授業を振り返ってみても、たとえば、1番目にA君にあてて、みんなに聞きとらせようとして伝わらないとき、「じゃあ、もう一回話してもらおうね」と言ってA君を促すと、2度目は説明のしかたがずいぶん上手になっています。

でも通常はいきなりあてて発表させるから、かなり自信のある子でないと、きちんと話せない。だから、「発表にも練習が必要だ」という発想を持つだけで、子どもたちの参加頻度は上がるだろうなと思います。

ペアトークは、すでにある内容が発表されたあとで、それをみんなが確認するとか、方向性がある程度定まっているものだったら、一斉にさせても大丈夫です。教師が普通は机間指導しながら浸透させていく時間を、子ども同士でさせていくイメージでもあります。

中村：学力定着についてはいかがですか？

田中：先日、デンマークの先生方から「早く終わった子と、苦手な子どもが一緒に授業に参加していて、早く終わった子が教える場面になると、早く終わった子が立ち止まっていることになりませんか？」という質問を受けました。「だから、早く終わった子にはそれなりに適した問題を与えて次

に進ませるべきではないか」これが習熟度別の学習につながる発想です。

私は「早く終わった子が苦手な子どもたちに話している時間は無意味な時間ではない」と説明しました。

人間がある物事を「自分一人で解決する」という力と「解決したことを誰かに話す」という力は別ものです。自分で解決ができても、それを他人に伝えることがとても苦手な子がいます。逆に自分では思いつかないけれど、一度思いついたことを他の人に伝えることはとても上手な子がいます。

社会に出たとき、たとえば自動車産業で、新しい自動車を開発する人たちは、物事を開発することは得意です。でも、その車のよさをみんなにアピールすることについては営業の人のほうが得意です。自分の得意な分野ですみ分けをして活躍しています。

学校教育では、その両方のバランスをつけるべきだと思うので、「開発する・解決する」ことが得意な子が「伝達する」力をつける時間であると考えれば、教え合いの時間はとても有意義だと思います。スモールティーチャーの発想ですね。その子たちによってクラスの苦手な子どもたちを一緒に引き上げていくこともできると思っています。今日はそんなことを意識してやってみました。

困ったときに学びが拡がる

田中：通常、面積の問題を使って活用問題をやろうとすると、オープニングに「いままでの面積の授業でどんなことをしましたか？」「どんな公式を覚えていますか？」と復習します。でも、復習すると、復習だけで30分くらいかかるときがあります。子どもたちの定着率がよくないことが復習

の段階で見えてきます。

そうではなくて、こういった問題解決のときにトラブルを起こして、そのトラブルを解決するときに、復習が行われる時間をつくればいいのではないか、と考えています。

今回学習したのは「何マス分」と数えて面積をみるという方法です。

実は、公式を習ってしまうと、とたんに子どもたちは「量の感覚」がなくなります。

実際、1辺が5㎝・面積25㎠の正方形を描いた子もいました。さらに、私が見せた1.5㎠と4㎠は明らかに広さが違うのに、それについて最初から疑う子がありませんでした。

つまり彼らが自分自身で計算して求めたものに関しては、量のチェックが入っていないのです。4年生のときにはあんなに学習したことなのに、5年生、6年生になると公式ばかり使うようになってしまうのです。

公式を使うのが上ではないんです。

私が今回紹介した授業は、以前は中学3年生でやっていた「ピックの定理」といっ

て、面積を求める新しい公式をつくる学習の土台です。

実は、周囲の点の数を数え、中の点の数を数えると、面積はあっという間に出ます。あとから「12と0だと5、10と1で5、8と2で5、これらの数字を使って、5が出るような公式をつくりましょう」という学習を、かつては中学校でやっていました。

そのとき中学生に対しても、マス目を数えて面積を復習することをまたやらせます。公式で図形の面積を求める勉強と、マス目を数えているのだという意識の往復運動が必要です。

形式とイメージは、いつも伴って成長させなければいけない。

ですから私は5, 6年生の段階でもう一度「マス目を捉えて面積を求める」という活動をさせます。そして必ずテストに出します。だから公式は使えないようなもの、つまり今回のような勉強をして「外が6個で中が3個のものが見つかるといいね」と投げかけます。

授業が終わってから「見つからなくて悔しかった」と言っている子や「中の3個はできるのに！」と言っている子もいましたよね。

私はこれをテストに出すと思います。つまり授業の終わりに、オープンエンドで終わったときの課題に取り組んでいた子が得をするようにします。

毎回そうしておくことで、授業の終わりに先生が「こういうのが見つかると面白いね」と言ったものは「多分テストに出るぞ」と彼らが予想して動き出せば、探究心を育てるということの仕向け方として使えるでしょう？

テストをつくるとしたら、1つは基礎基本を見る問題、もう1つは探究心が育ったかどうかを見る問題を混ぜるだろうなと思います。

授業で出てきた失敗をそのままテストにすればいいのです。6個で3個の形を見つけようとしたら、中に3個入っているけれど、周りが8個の形をつくっている子がいました。

1問目「周りが8個で、中が3個の形の面積を求めなさい」こうすれば、失敗の問題が出ます。

2問目「この形を5㎠にするにはどこをどう変えればいいでしょう」こうすれば、授業でやったことがそのままテストで使えると思います。

桂：授業のはじめに、田中先生が子どもの間違いを拾って「これも5㎠だよね」と示したら、シーンとなりましたけれど、あの間違いって、本当にあの子たちが描いていたんですか？　田中先生がわざとつくったものもあるんですか？

田中：実際に描いていました。私はこの授業をいろいろなところでやるのですが、必ずこの２つの間違いはあります。今回も最初、隣の子が６マス使って描いていて、隣の子は４マス使って描いていました。「なんで真ん中が無いんだろう。２人で見比べてごらん」と声をかけた２人組の片方を使いました。

点を1,2,3,4,5と数えて４マス描いた子を見て「お前のは１マス少ないよ」と言って描いた結果、自分は６マスになっている様子を、可愛いなと思って（笑）。

でも、両方とも５という数字に向かって進んでいるものだから、誤答として説明したときに、あとからフォローができるんです。

その段階で、どうやって間違えたのかを予測できない問題を取り上げるよりも「彼らの間違いにはちゃんと理由があるでしょ」と言ってあげられるもので、マス目を数えることを復習する材料にしたかったのが１点目。もう１点は、実はそれが後半の点の数に目を向けさせるという種まきになります。

だからこの２つの誤答は見逃さないようにして使っています。

桂：もしも出ないとしたら、自分から出しますか？

田中：クラスの状況によりますね。明らかに小さい５つの点を結んだものについては、出してもいいでしょう。子どもは明らかな間違いについては反応しますので。

「先生、それは違うよ」と言わせて説明させてもいいし、「それは１マスと半分しかないでしょ？」という話題が引き出せたら、そのあと「面積を何マスというふうに見ればいい」と使うことができます。

でも、どこでやっても、この２つの間違いは存在します。子どもの認識の中に、点を結ぼうとすると、必ず意識する間違いなのかもしれません。

これに限らず、誤答を使うときには、できれば子どもが自然に間違えたものを使ってやっていきたいと考えています。

桂：つまずきの予測をし、子どもの間違いから授業展開することは大切ですね。もしも間違いがないとしたら、教師から出すのもありだと思います。

田中先生のように、つまずきの中に価値のあるものをピックアップしていくのが理想ですね。予測と確認のところまでストーリーができているのがすごいと思います。

中村：子どもを揺さぶって動かないときは、どうしたらいいんでしょうか？

田中：教師が言ったあとに、しばらく待てばいいんです。私は必ず間を取ります。最初「自分じゃなくても、きっとだれかが言うだろう」ということでシーンとしています。明らかに４マスしかないから、何人かの子が「違うよね」という反応を始めます。でも、反応を始めるのには、たずねたあとで最初は20秒くらい放っておかないといけないんです。ときには背中を向けて子どもを楽にしてあげて…。

教師は、教室が静かになると、すぐ次を言ってしまう。すると子どもは「ああ、やっぱり先生が軌道修正してくれる」と思って、椅子の背にもたれてしまいます。教師が言ったあと、間を取ると、首を傾げ、お隣に「ねえねえ」と言いたくなる。その動くタイミングには時間がかかるので、教師が待ってみるといいんです。続けていけば、その待っている感覚がだんだん短くなります。「この大人は罠をしかけるな」と思うと、だんだん速くなる（笑）。飛び込み授業は、前に立つ大人と子どもとの相性を図る時間が必要です。だから前半は特に大事にしないといけません。

桂：最後、田中先生が「共通点はないかな？よーく中を見てごらん」と投げかけましたが、あそこの発見が一番の山場だったのでしょうか。今回は時間がなかったからしかたがないのでしょうが、もし時間があったら、あそこはどんなふうに進むのでしょうか？

田中：今回はテーマがいつもと違って全員参加とテストだったので、時間配分を変えました。オープニングをやったときに、子どもたちの面積のイメージが薄れているな、と判断したので、後半のきまり発見よりも、面積の定着のほうに時間を取ろうと軌道修正して、前半をしつこくやりました。

実際に面積をつくることが学習で、後半の方は動機づけです。「こういう観点で見ると、面積をいろいろ探していくのが面白い」という動機づけなので、後半の新しい観点のほうは、面積づくりがちゃんとできていないと意味がないわけです。だから、前半のマス目で物事を見るほうに時間を多く取りました。

「点の数がこう変化したら、このようになります」ということをテストに出す気持ちはありません。こういう視点で面積探しをしていくと、自分たちでつくった面積をまた確かめるという勉強になります。

「周りが６個で中が３個の図形が本当にできたら、そのできた図形は本当に5㎠といえるのだろうか」というのは、自分で自分をテストしているようなものですからね。

いままでものは「5㎠になるようにつくった」のです。つくったものをあとから数えたら、点の数がそうなっていた。

今度は、点の数のきまりを使って、先に図形をつくる。でもそれは5㎠かどうかを意識してつくっていないから、本当に5㎠かどうかを確かめる活動が必要になります。

つまり、面積の問題は、いままで紙に書かれていたものを出されて、自分が解くだけだったけれど、今度は自分でつくってみて確かめることになるので、能動的になります。その能動的な活動のきっかけづくりにしようと思いました。

ちなみにピンクのマジックペンを指定して、用意していただきました。ピンクじゃないと見えにくいんです。赤だと点がつぶれる、黒は見えない、黄色だと点は見えるけれど図形が見えにくい。そこで、ピンクのマジックペンにこだわっています。

中村：なるほど。そんなこだわりもあったんですね。

桂先生・田中先生の授業をごらんいただき、学ばれたことを個人・学校に還元していただければと思います。

本日はありがとうございました。

東京に戻ってから、
山口の講座＆飛び込み授業に参加された広島県の
先生からお手紙をいただきました。

ご本人の了解を得て、紹介させていただきます。

田中博史先生

突然のお手紙、失礼いたします。先日は素晴らしいお話、素晴らしい授業をありがとうございました。(中略)

山口での２日間、たくさんのことを学びましたが、私が最も感銘を受けたのは、先生の授業です。先生が筑波の子どもたちと一緒に授業をされるのは何度か拝見しておりますが、地方で田中先生が授業されるのを見るのは初めてでした。二島小学校の高学年の子たちは、最初は緊張と戸惑いもあったのでしょうが、表現することを恐れているような、恥ずかしがっているような状態に見えました。よく公立で見る「うちの子たちはなかなか手を挙げなくて…」「しんどい子たちで…」という高学年の姿だと思います。

それが、先生と授業する中で、明らかに変わっていきました。受け身の姿勢から徐々に抜け出し、ホワイトボードの前に集まったあたりから一気に互いの心の距離が縮まって、表現することを恐れなくなっていくのを感じました。そして最後には子どもたちが生き生きと動き出し、最初自分の立場も決められなかった子が楽しそうに参加し、口や手を動かして、その子なりの表現をしていました。「筑波の子だからできるんだ！」なんて、あの授業を見たら絶対に言えません！　先生の動きや言葉の一つ一つは、ただただ子どもを大切にされていました。(中略)

特に心に残っているのは、先生が「表彰台」の面積が５㎠かどうか分からず困っている児童に、どこが分からないかを聞かれた場面です。その子が答えやすいように聞き方を変え、他の子たちの表現を借りながら、その子の分からないところと分かるところを明らかにしていく過程は、見ていて感動しました。

そして同時に、私は今までいかに子どもたちを大切にしていなかったのか、よく分かりました。私はこれまで分からない子に寄り添っている「ふり」をしてきたのだと気付きました。私はこれまで、分からない子に手を挙げさせても、その子がどこが分からないか、何に困っているかを明らかにしないまま、分かる子に漠然と説明させたり、漠然とペアトークをさせて、分かったつもりにさせたり、ということを繰り返してきました。私はいつも自分のために寄り添うふりをしてきたのだと思います。授業を進めるために、ねらいを達成するために、必要なときだけ寄り添い、自分に必要な言葉を引き出していました。

しかし、田中先生は違いました。分からない、困っている子に心から寄り添い、どこが分からないのかを問いかけ、その子の言葉を引き出し、問題（課題）を明らかにして全体に投

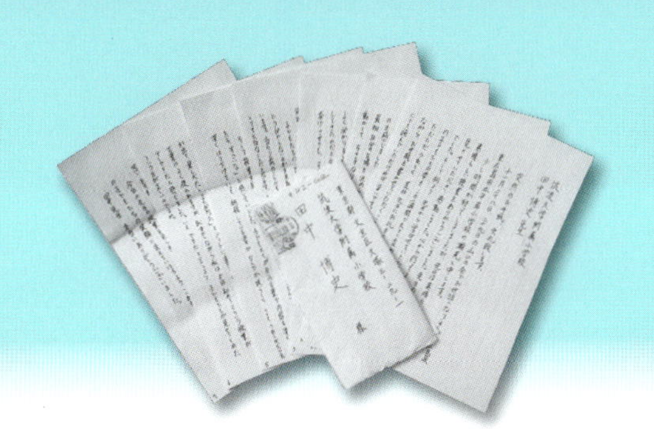

げかけ、共有する。「寄り添う」とはどういうことなのか、姿で示していただき、教えていただきました。心があたたかくなり、同時に深く反省しました。(中略)

学校に戻った私は、翌日の授業（6年生です）で、「分からない」と言ってくれる子にじっくりつき合って、どこが分からないのか、しばらく話をしてみることにしました。すると、その子がうまく伝えられないとき、まわりの子たちがその子の困りを推測したり、表現を助けたりし始めました。その子がくれた「分からない」は、他の子たちにも火をつけました。何度説明してもまた少し違う「分からない」が出てきて、それに対してクラスの子たちが悩んだり、説明の仕方を工夫したり、違う既習を引っ張ってきたり…。私は初めて授業の半分くらいを教室の後ろから眺めていました。教師の引き出した問いよりも、仲間の「分からん！」の一言がどれだけ大きな課題意識を生むのかということを強く強く感じました。

そして授業を終えたとき、私は初めて「うまくいった」ではなく、「子どもたちすごいな」と感じていました。子どもたちが互いの言葉で内容を深く掘り下げていって、納得している姿が、なんだか誇らしく、とてもうれしかったです。

これまで私がどれだけ上手く授業をつくったつもりでも、策を講じてもたどり着けなかったところまで、子どもたちは自力で行ってしまいました。本当に、先生のおっしゃる通りなのですね。

その後一週間、毎朝先生の授業を思い出し、心をつくってから授業に臨みました。失敗もありました。子どもが欲していないのに寄り添おうとして大失敗したり、2クラスで同じ授業をした際、一方のクラスで面白い発想が広がると、ついついそれをもう一方のクラスにも求めて（押し付けて）しまって失敗したり…。

ただ、子どもたちの「分からない」は、内容の本質につながっていくことが多いように感じています。それにクラスみんなで向き合っていくとき、子どもたちはみんな「深く考えられた」「前より○○のことが分かった」「いろんな意見が出て、楽しかったし、よく分かった」とノートに書いていました。「深め合う」「高め合う」…言葉はよく使われますが、恥ずかしながら私は、今回初めてそういう授業が少しできたと感じました。いえ、できたというより、子どもたちが見せてくれたというほうが正しいのですが。（中略）

今回の先生の授業を見られて、本当に幸せでした。学んだことを目の前の子どもたちの笑顔に変えていけるよう、これからも努力いたします。

田中先生、本当にありがとうございました。

第2章
全員参加の授業づくりのための授業改革のポイント

山口での学びをもとに、真の意味の「全員参加」授業のあり方を再考。
活動だけに留まらない「学力定着」を見据えた
全員参加の授業づくりのために
田中×桂が授業改革のポイントを提案します。

算数の授業改革ポイント　田中提案……80

ポイント❶
授業の始まりに差をつくらない

ポイント❷
友達の話を聞き取り、再現する活動を多く取り入れる

ポイント❸
発表に向かう姿勢、その価値観を変える

ポイント❹
最後は１人の活動があること

ポイント❺
小刻みに変容する「めあて」の確認と「途中まとめ」のすすめ
～全員参加は全員発言ではない～

国語の授業改革ポイント　桂提案……86

ポイント❶
授業のねらいを「論理」に焦点化する

ポイント❷
視覚的な手がかりを効果的に活用する

ポイント❸
全員の思考がフルに働くように、「全員の活動」を組織する

ポイント❹
「教材のしかけ」によって、全員の反応を引き出す

ポイント❺
「授業のストーリー」をつくった上で「即時的な対応」をする

ポイント❻
子どものつまずきやよさを授業の表舞台に乗せる

算数の授業改革ポイント　田中提案

ポイント❶

授業の始まりに差をつくらない

本書の事例でも説明したように、問題文を書く時間だけをとっても、教師の意識によって子どもの中に作業の差を生まないようにすることができる。

特に授業の始まりや、思考をまだ要しない段階では、集中力、注意力を高めることに留意して、少し問いかけや指示の仕方を変えるだけで子どもが変わる。すると、これだけで差が生まれにくくなる。

では、ここでもう一度、本書事例の問題文を書く場面を振り返ってみる。

教師「今から、問題文を書きます。先生が書き始めたら君たちも書き始め」と告げると、子どもたちは真剣な顔で取り掛かりに注意を払う。

でもまあここまでならよくある光景。

続いて「先生が書き終わる前に書き終わること。」と言うと、先ほどまでの真剣な顔がきょとんとした顔になり、続いて笑顔になって「先生、そんなの無理だよ」「超能力者じゃあるまいし……」なんて私のクラスではにこにこしながら必ず口は尖がっている可愛い子が出てくる。

ここで教師が「じゃあ、できるかどうか試してみようか」というと最初と異なる緊張と何だか面白そう……と温かさが混ざる空間になる。単純な問題文写しの時間もこれだけで楽しく緊張感のある時間になる。

私は、この後、問題文の冒頭の「点と点を」の４文字だけで止めて子どもたちのノートを見て回った。すると、まだノートの用意ができていない子や鉛筆を探している子などがいることがわかる。

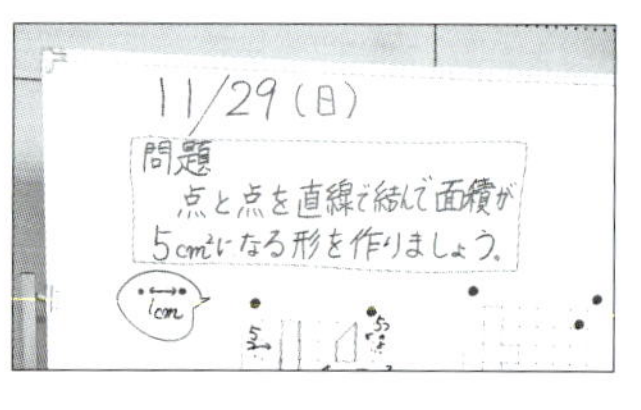

この事実にこの段階で教師が気づくことに大きな意味がある。

一般には、問題文が完成し、子どもたちが自力解決に入るまで机間指導に入らないことが多い。

教師が黒板に長々と問題文を書いた後で、机間指導に入り、先ほどのような状態の子どもを見つけたとしよう。そこで注意を促して遅れていた子が参加したとする。しかし、その段階から先ほどのようなタイプの子どもがノートを書くことに参加すると明らかに他の子どもたちと差がついていて、早めに終わった子どもは退屈に待たなければならないし、遅れていた子も長い文章を今から書かなければならないとなると気持ちも萎える。

これは両者にとって好ましい空間ではない。問題文の書き始めに起きるこうした状況を教師が意識するだけで、今まで知らないうちについていた子どもたちの作業の差を埋めることができるようになる。ともかくスタートが肝心である。

ポイント❷

友達の話を聞き取り、再現する活動を多く取り入れる

1人で考えたり、ひらめいたりすることが苦手な子もいる。

しかし、友達が説明してくれたことを聞き取り再現することは、苦手な子どもでも取り組むことができる。

学びの最初は他からの情報を聞き取り、自分のものとしていければいいのである。「まなぶ」は「まねぶ」から来ているともいわれる。まずは真似でもいいから、友達の考えを取り入れていくことができればいい。

その体験の積み重ねで、いずれは自分1人だけで思考していくことができる子につながっていけばいいのである。

友達の話をしっかりと聞き取ることができるようにするには、子どもたちの発言を教師が簡単に取り上げて要約しないことである。教師がこれを繰り返していると、子どもたちは友達同士の話をちゃんと聞かなくなる。

拙いけれど懸命に話をしている友達に寄り添い、確かめ合いながら相手の話を聞き取る力こそが、筋道を整理しながら理解していく力の土台となるのである。

聞き取ることができたかどうかは、再現させてみればわかる。

日々の授業では、キーとなる大切な発言が子どもから出たときに絞って、全員に聞き取り隣同士で再現し合うことを促す。

この「聞き取り＋再現活動」にもいろいろなやり方がある。

まずはペア学習。隣の座席の子ども同士で聞き取ったことを確かめ合う。

ただし、この方法が有効なのは隣同士の座席になったどちらかの子どもが活動に参加していて聞き取りができていることが必要になる。

つまりクラスの子どもの半数以上が聞き取れているようになっている段階までは一斉授業で高めなければならない。

しかし、よく考えたら何も最初からそんなに少ない人数で活動させなくてもいいだろう。子どもたちの状況によっては、聞き取り＋再現活動を４人グループにしてあげることにする。

２人のうちどちらか1人が聞き取っているという状態はすぐにはできなくても、４人に１人ぐらいはちゃんと聞き取っていてグループをリードしてくれることができるかもしれない。いや、せめてそのぐらいまでは一斉授業で高めることは必要だと考えよう。

一般にグループによる話し合い活動は、よく行われているが、私がここで提案しているのは「聞き取ったこと」を全員が「再現できるようになる」ためのグループ活動である。だからいわゆる話し合いの活動ではない。伝達ゲームのような雰囲気と言えばわかりやすいだろうか。

ポイント❸

発表に向かう姿勢、その価値観を変える

授業の中では、子どもたちは突然指名されて、発表することになる。たくさんの友達が見ている中で、ドキドキするのに一発勝負でうまく発表しなければならない。これは大人でも実はうまくできないことが多いのではないだろうか。

よく考えたら、計算技能、作図の技能など身につけさせたいことは繰り返して練習する。それなのになぜ人前での発言だけは一度きりで成功させなくてはならないのだろう。授業中における子どもたちの発表の場面に対する教師の価値観の改革をすることは全員が参加しやすい環境づくりに大きく役立つ。

だから私は発表でもまず次のような仕向けをすることが多い。

「今から誰かにあてます。今あてられたら困る人？」とたずねる。

これで全員が引き締まる。挙手指名の授業では手を挙げなければ安全だが、「今から誰かにあてる」と言われるとドキッとする。さらに「あてられたら困るか」という質問である。これが子どもたちの心を揺さぶる。

ただ普段あまり発言しない子は、こうした問いかけでも自分を隠そうとする。飛び込み授業でこう問いかけても最初はあまり手を挙げない。

そこで、「なんだ、みんな困ってないんだ。困らないのなら大丈夫だね」と言って指名すると、うまく答えられない子がやはり何人もいる。「あれ、困らないんじゃないの？」と私がつぶやいてみせる。気まずそうな顔の子どもたちがたくさんいる。

そこでもう一度、次のように言う。

「あのね。困るのは悪いことじゃないんだよ。困ること、わからないことがあるから学校に来て勉強するんだよ。困ることがあっていいんだよ」と。

ここで子どもたちの表情がゆるむ。少し笑顔も出てきた。

さらに、もう一度「はい、では今あてられたら困る人？」とたずねてみる。

多くの子どもが今度はにこにこして手を挙げるようになる。

こうして、子どもの学びに向かう姿勢を変えていく。これは「学習する」ということに対する価値観の転換でもある。

さて、この後である。

困るときは困るとちゃんと手を挙げられるようになったとしよう。

次の段階は二通りの取り組みをさせることが考えられる。

まずは「では、何に困っているかを教えてください」とする方法。

あてられたら困るかどうかを聞いたのであって、あてないとは言っていない。そして困っていいのだと告げた。だからその困っていること同士を交流させるのである。

いつも正解だけを発言させるので

はなく、こうして何に困っているかが話題になればそれは問題解決に役立つ素晴らしい情報交換である。

これができるようになると授業は盛り上がる。次からの問題解決に役立つ体験が子どもの中で共有される素晴らしい時間になる。

だが、子どもによっては困っていることが何かと言われてもそれ自体が答えられないという子もいる。ただ漠然と困っているとだけしか言えない子たちである。いや算数が苦手な子たちにはそのほうが多いのかもしれない。

この場合は、その困っていることをもっと気軽に交流させる時間が必要になる。

そこで、次の方法を用いる。

「今から誰かにあてます。今、あてられたら自分はどんなことを話そうと思っているか、お隣の人と練習してみよう」

そうである。冒頭に述べたことだが技能の際には繰り返し練習するのだった。思考力、説明力を育てるにも繰り返して取り組む環境を保障してあげることが子どもにも必要なのである。

このとき、何に困っているかを相談すること自体をまずは交流させていくのである。指名されてみんなの前で発表するには勇気がいるけど、隣の人と雑談のように交流する程度なら気軽に話ができる。しかも正解を話すのではなく、何となく困っていることが何なのだろうかという会話でいいのである。

他にもいろいろ工夫はできると思うが、大切なことは一度で正解しなければならないという価値観からの転換、発表でさえも繰り返し練習していいのだという発想を持つことで苦手な子どもたちも参加しやすい教室ができると思うのである。

整理する。

その1

困っていることを発言できるようになることも学びの一歩であると考えること。

その2

「発表する」ということも一度で成功させなければならないのではなく、複数回練習ができる場をつくること。

ポイント❹

最後は１人の活動があること

さて、前記のような活動を取り入れたとして、何とか全員が拙くても話ができるようになったとしよう。しかし、実は話せるようになったことを、いざ書こうとするとできない子も多くいるのである。

最後はいつも自分の言葉でノートに書く活動が必要である。

子どもたちも、このグループ聞き取り活動のあとは、必ず１人になって最後は自分の言葉でノートに書かなければならないとわかってきたら、伝達活動の時に懸命に聞き取ろうとするようになる。

日本の問題解決の授業が自力解決と呼ばれる時間やまとめの時間を大切にしてきたのは、最後は１人で活動していけるようにするためである。

だが、最近はその意図がよく伝わっていなくて、指導的立場にある教師でさえ、この大切な場面を形骸化させてしまっている傾向があるから気をつけたいものだ。

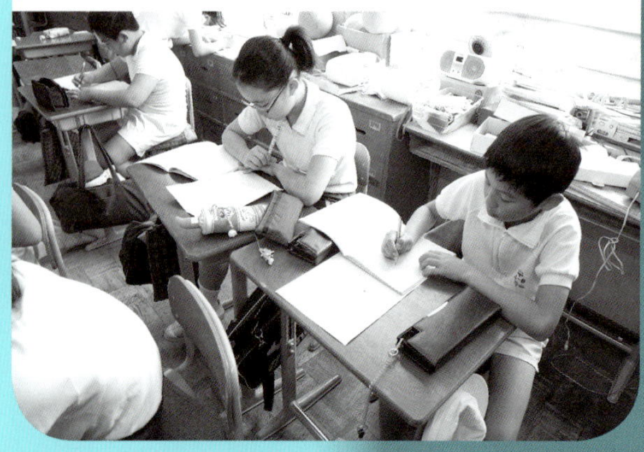

ポイント❺

小刻みに変容する「めあて」の確認と「途中まとめ」のすすめ

～全員参加は全員発言ではない～

全員が参加することと、全員が発言することは別問題である。

1人が授業の中で1回発言したところで学力はあがらない。子どもたちが45分間の授業の中で常に「自分も考えるのだ」、「友達の言っていることはどんなこと？」「今、質問できたらこのあとも参加できるの」と常に前向きな気持ちでいるならば、それはたった1回だけ発言するよりはよほど参加度は高いといえる。思考も活性化しているといえるだろう。だから私たちのするべきことは授業の節目ごとに、細かく参加度を見ようとしつづけることである。

それができているなら、クラスのみんなの前での発言を全員がしなくてもいい。大切なのことは展開についてきているかどうかのほうである。

それをどのようにして確かめたらいいのだろう。

私は素直に子どもにときどき、次のようにたずねることにしている。

「今、みんなが考えていることは何についてだっけ？」

「えーと、先生、今、みんなに何をたずねたんだっけ？」

「太郎君の答えは先生がたずねたことへの答えになってる？」

これは、授業の冒頭にだけ大切にされる「めあて」の意識、そして授業の終わりにだけ大切にされている「まとめ」の意識に対する改革でもある。

私は上記のように子どもたちに持ちかけるのは、節目に変化している「めあて」の確認をしていることになるし、さらには小刻みに「まとめ」を繰り返していることにもなると思うのである。

全員参加の授業をつくるには、参加しやすい環境をつくること、出遅れた子がもう一度参加し直すチャンスが何度もあることだと思うのである。

国語の授業改革ポイント　桂提案

ポイント❶

授業のねらいを「論理」に焦点化する

国語は、指導内容があいまいである。算数のように、段階的・系統的に指導していくことが大切である。

そのためには、まずは「論理的な話し方・聞き方」「論理的な書き方」「論理的な読み方」を指導するというスタンスに立つことが重要である。たとえば、心情を読み深めるだけではなくて、心情の読み取り方を明示的に指導する。

その上で、授業のねらいを焦点化する。飛び込み授業で行った詩「のはらうた」の授業でいえば、作品の設定の一つである「人物像の読み方」に焦点化するということである。具体的に言えば、「感動詞、呼称表現、語尾」という表現から、「性別、年齢、性格」に関する人物像を捉える。これも、論理的な人物像の読み方の一つである。

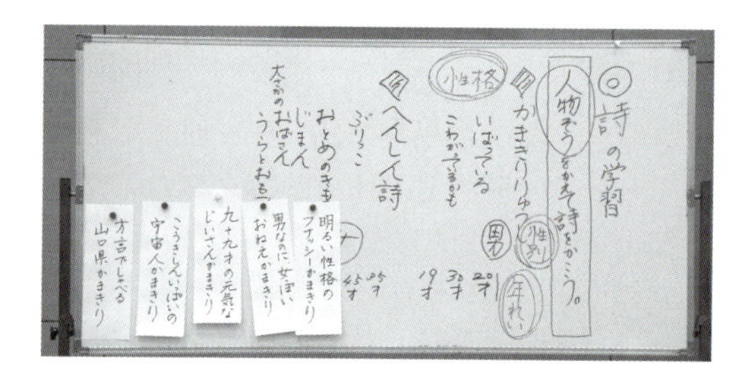

「論理」は、全員に共通して教えることができる。心情や人物像の読み方は、全員が理解できるものである。

しかし、「論理」的に読んだ結果としての「解釈」は、個々ばらばらである。場合によっては、理解不能な解釈もあり得る。これまでの国語授業がわかりにくかったのは、読んだ結果としての「解釈」をねらいにしていたことが多かったからかもしれない。

「論理」を明示的に指導することこそが、国語授業における「全員参加」の第一歩だと考えている。

ポイント❷

視覚的な手がかりを効果的に活用する

国語の授業は、聴覚情報のやりとりに終始することが多い。たとえば「○ページの○行目を見てください。この言葉から～な気持ちがわかります」というような発言のやりとりである。

しかし、人の話を聞くだけでは理解が難しい子がいる。聴覚が優位の子も少数いるが、多くの子は、聴覚だけよりも、それに加えて視覚的な手がかりがあった方が理解しやすい。

詩「のはらうた」の飛び込み授業でも、代表児による動作化を見せたり、教材を視覚的に提示したりした。やはり、視覚的な手がかりがあった方が全員参加や全員理解を促すことができる。

しかし、ただ単に、視覚化すればよいというわけではない。授業のねらいに通じることが重要である。全員で動作化を見ることで「かまきりりゅうじ」の人物像を確認したり、全員で同じ文章を見ることで人物像の読み方を明確に確認できたりする。

ただし、田中先生に指摘されたが、PCによる教材提示が多すぎて、授業のストーリーが狭くなったことには注意したい。視覚的な教材提示は、「子どもが深く考える材料」である。デジタル（PCのプレゼン）とアナログ（黒板）の効果的な併用や、子どもの考えや動きに応じることができる視覚的な教材提示のあり方を今後の課題として考えていきたい。

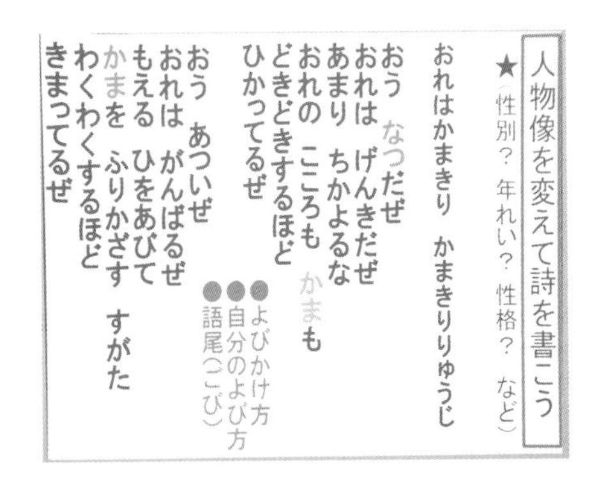

人物像を変えて詩を書こう

★性別？ 年れい？ 性格？ など）

おれはかまきり　かまきりりゅうじ

おう　なつだぜ
おれは　げんきだぜ
あまり　ちかよるな
おれの　こころも　かまも
どきどきするほど
ひかってるぜ

●よびかけ
●自分のよび方
●語尾（ごび）

おう　あついぜ
おれは　がんばるぜ
もえる　ひをあびて
かまを　ふりかざす　すがた
わくわくするほど
きまってるぜ

ポイント❸

全員の思考がフルに働くように、「全員の活動」を組織する

「挙手－指名」方式の話し合い活動だけでは、理解力が優れる2、3人が授業を進めていくことになりやすい。その他の子は、自分に必要感がない場合には聞いていないことが多い。全員の思考がフルに働くように、「全員の活動」を意図的に組織することが大切である。

たとえば「A君が言いたいことがわかるかな?」「A君の発表が説明できるように、もう一度聞いてみよう」など、モデルになる発言の意味を再現したり解釈したりするように促す。

また「AとBという二つの考えに分かれたね。その理由を隣の子に説明しよう」「自分が書いた詩を隣の子に発表しよう」など、ペアによる話し合い活動や説明活動を設定する。

田中先生が飛び込み授業でやっていたように、「いきなり発表するのはドキドキするよね。みんなの前で発表する前に、隣の子に発表してごらん」と、目的意識を持たせるのも有効である。

「考える音読」(p28)で紹介したように、「筆者」と「読者」で役割を決めて「つぶやき読み」などを行って、全員が考えて活動する場面をつくる。

ただし、「全員の活動」は、「評価と指導」の場面。「どのペアが進んでいるのか」「どのペアが停滞しているのか」を見取って、次の授業展開に生かしたり個別の指導をしたりすることが大切である。

★「1分間研究発表」の指導

クラスの子ども同士が、自由な雰囲気で話し合えるようにするには、授業の場面だけでなく、朝の会などで日常的に話し合い活動や説明活動の楽しいトレーニングをしておくことが有効である。

1年生を担任していた時には「健康観察プラス一言」「クイズトーク」「1分間研究発表」を行っていた。ここでは「1分間研究発表」の活動について紹介しよう。

「1分間研究発表」とは、自分がまとめた掲示資料を使って、自分

これが面白い!

が面白いと思ったことを1分間で発表するという活動である。いわば、初歩的なプレゼンテーション。次のような流れで進める。

①聞き手が掲示資料だけを見て質問する。
②話し手が研究したことを1分間で説明する。
③聞き手が質問したり説明のよさや改善点を発表したりする。
④教師がコメントをする。

①は、自動車のアイドリングのようなもの。話し手が説明する前に質問する活動は、聞き手の思考を活性化させる効果がある。

②の発表後の③の活動も重要である。全員で、発表のよさや改善点について交流する。「指を差しながら発表するのがよかった」「字が少なくて、絵が大きくてわかりやすい」「1つ目は…、という説明のしかたがよい」など意見交換をする。

「1分間研究発表」の指導のコツは、「指導しないこと」である。最初の頃の「1分間研究発表」は、どんな発表のしかたでもよい。毎日、子ども同士での意見交換や教師のコメントを続けていくことによって、みるみる説明のしかたがよくなってくる。「説明のしかた」に関する目が育ってくるのである。

2年生以降は「フリートーク」もおすすめの活動である。フリートークとは、クラス全員で行う話し合い活動の楽しいトレーニングである。先に紹介した「クイズトーク」と、この「フリートーク」は、すでに書籍『クイズトーク・フリートークで育つ話し合う力』（学事出版）や、DVD「フリートーク ―話し合う力を育てる」（学研教育出版）で発表している。参照してほしい。

へー、面白いね。

いいところ！質問！

昔の道具について調べました。

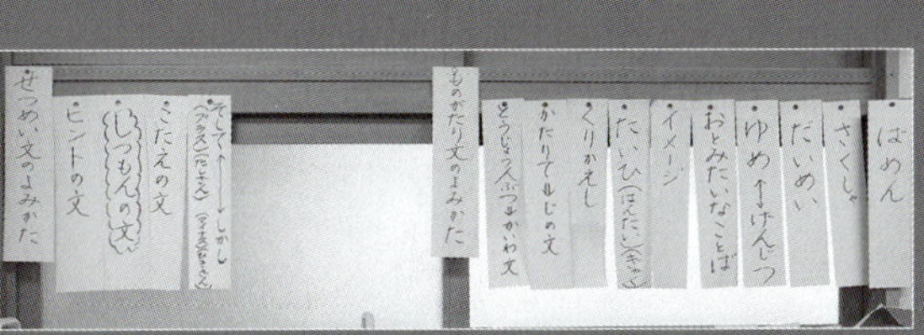

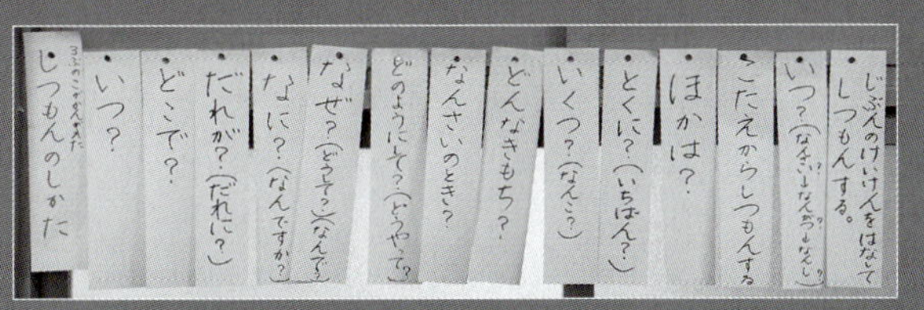

▲教室には「質問のしかた」「発表のしかた」の掲示が…。

ポイント❹

「教材のしかけ」によって、全員の反応を引き出す

すべての子どもが能動的に授業に参加するためには、「教材のしかけ」が有効である。全員の反応やつぶやきを引き出す。国語における「教材のしかけ」は、すでに紹介したように、次のように「10の方法」として整理している。

① 順序をかえる	② 選択肢をつくる
③ 置き換える	④ 隠す
⑤ 加える	⑥ 限定する
⑦ 分類する	⑧ 図解する
⑨ 配置する	⑩ 仮定する

たとえば、「のはらうた」の授業でやったように、「語句を置き換えて」二連を提示する。すると、子どもは「あれ、なんか違う」とつぶやき始める。「(一連は) いばっているのに、あの言葉はちょっとおかしいんじゃないの?」と、ほぼ全員が挙手をして発言する。

また、6年生の説明文「笑うから楽しい」の授業で紹介したように「文章に関係のない一文を加えておく」。講座に参加された先生たちでさえ、何度も「考える音読」をしたのに、関係のない一文に気づかなかった人は多かったのではないだろうか。だから「関係のない一文があるよ」と言うだけで、必死で文章を読み直し始める。

ただし、「しかけ」は教材だけではない。言葉にもしかけがある。その名人は、田中先生。とぼけることで、全員の子どもの能動性を引き出している。今後は「しかけ言葉」の整理をしたい。

★ひらがな指導

日本全国の1年生の教室で、ひらがなの書字を指導している。しかし、なかなかうまく書けるように指導できないという悩みはないだろうか。

私は、講座でも紹介したように、全員の子がきれいにひらがなを書けるように指導できるようになってきた。そのポイントは「目標を上げること」「なぞらない」「『内容理解→論理』のステップ」「教材のしかけ」の4つである。以下、それらに

STEP 1

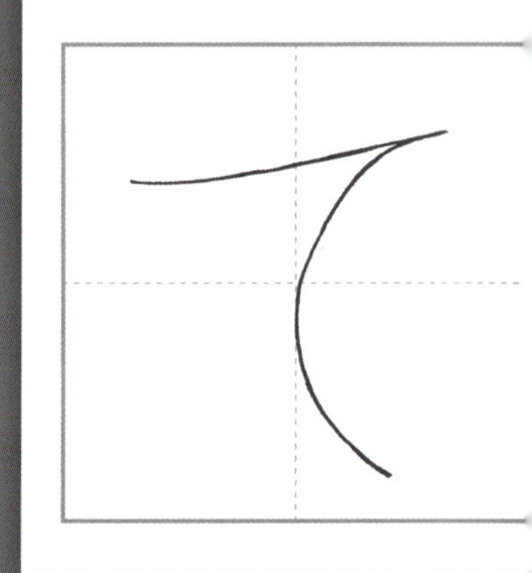

ついて簡単に説明しよう。

まず大切なのは、きれいに書くという目標を上げることである。入学時、多くの子どもは、ほとんどのひらがなが書ける。しかし、それで満足をしている子が多い。教師のきれいな字を見せて「学校は、きれいなひらがなが書けるようになるところ」という認識を持たせることが大切である。

子どもは、「なぞり書き」が嫌いだ。親や教師にはみ出たら注意されるし、何よりも頭を使わないからである。実は、ひらがな書字も「論理」である。「空間の位置関係」という論理を考えながら書くことが大切である。私の研究では、「なぞり書き」よりも、論理的な「写し書き」中心のトレーニングの方が効果的という結果も出た。

指導のステップは、次の3つ。
1つ目は「まず見て書く」。
2つ目は「イメージしながら書く」。
3つ目は「論理的に考えながら書く」。

ひらがなの書字指導も「内容理解→論理」という流れで指導する。

ひらがなをきれいに書く方法を教えても、当然、すぐには身につかない。ここで重要になるのも「教材のしかけ」である。わざと変な字を見せて、「変だよ。だって、～にならないとだめだよ」という教師が教えたいことを引き出す。

こうしたひらがなの書字指導は、『なぞらずにうまくなる子どものひらがな練習帳』（実務教育出版）という書籍にもなっている。ぜひお試しいただきたい。（P.24参照）

STEP 2

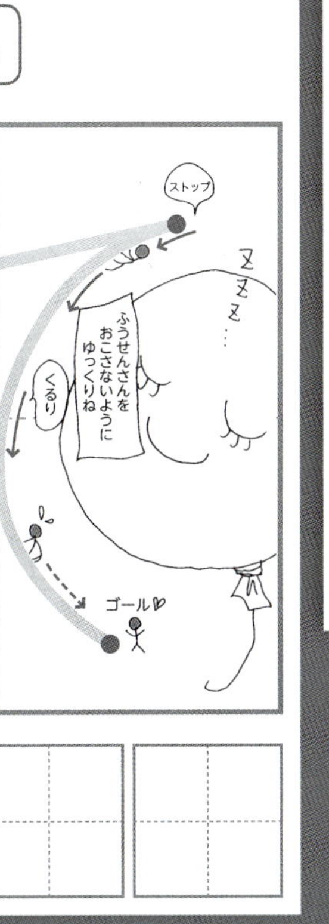

STEP 3

『なぞらずにうまくなる子どものひらがな練習帳』
桂 聖・永田紗戀著
実務教育出版

ポイント❺

「授業のストーリー」をつくった上で「即時的な対応」をする

国語のねらいは「論理」である。だが、それだけで授業を行うと、多くの子どもたちの理解が困難になる。たとえば、授業の導入で「人物像を変えて詩を書こう」と課題を出しても、多くの子どもはイメージできない。また、説明文の授業で「迷子の一文は、どの文?」という課題を設定しても、解決のイメージがわかない子もいる。

文学における「人物像の読み方」は論理である。説明文の授業で、迷子の一文を探すために必要なのは「事例とまとめの関係」。これも論理である。論理は、全員に共通して教えることができる反面、言葉だけの表面的な理解になりやすい。

「論理」が深く理解できるようになるには、「内容理解のイメージ」の支えが必要である。先の例で言えば「かまきりりゅうじの人物像」「文章構造における『体→心』の関係」をイメージできることである。

つまり、全員が理解していくためには、「内容理解→論理」というストーリーで授業をつくることが不可欠なのである。

ただし、教師が決めたストーリーに子どもを乗せることが授業ではない。子どもは、異なる道を進んだり、寄り道をしたり、迷ったり、意外に早く進んだりする。

重要なのは、授業のストーリーを明確にしておいた上で、子どもの出方によって教師が即時的に対応していくことである。

子どものつまずきやよさを授業の表舞台に乗せる

授業のユニバーサルデザインで大切にしているのは「子どものつまずきの予想と手立て」である。

たとえば「作品の主題を考える」という学習課題があったとする。子どもたちがどんどん話し始めるという姿が思い描けないのではないだろうか。それは、いわば「子どものつまずき」である。

もしもそうだとしたら「手立て」が必要だ。たとえば、主題の定義を教える、主題の選択肢をつくる、主題のくじを引くという学習活動にアレンジする。子どもが能動的に主題について話し合うという姿がイメージでき始める。

しかし、「子どものつまずきを授業の表舞台にあえて乗せる」ことも大切である。田中先生の授業では、子どもの誤答をあえて提示していた。誤答した子どもの気持ちに寄り添いながら、誤答から全員の学び直しができていた。

また、これも田中先生にシンポジウム（P69）で指摘されたことだが、子どもが出したアイデアを授業の表舞台に乗せることも大切だと思った。「～な人物像で書いてみたい」というA君のアイデアに乗って、クラス全員でA君の詩の途中まで考えてみる。A君も嬉しいし、A君以外の子も、詩の作り方の見通しを持てる。今回、東京に戻って、担任している1年生でも「のはらうた」の授業をやってみたが、確かに、子どものアイデアに乗ってみるという方法は有効だった。

子どものつまずきを予想して手立てを考えておくことは大切だが、子どものつまずきやアイデアをあえて取り上げて、授業の表舞台に乗せるという全員参加の指導についても今後考えていきたい。

【著者紹介】

田中博史（たなか・ひろし）

1958年山口県生まれ。山口大学教育学部卒業、山口県内公立小学校３校の教諭を経て1991年より筑波大学附属小学校教諭。専門は算数教育、学級経営、教師教育。人間発達科学では学術修士。筑波大学・共愛学園前橋国際大学非常勤講師。
全国算数授業研究会会長・日本数学教育学会出版部幹事・日本質的心理学会会員・学校図書教科書「小学校算数」監修委員。NHK 学校放送番組企画委員として教育番組「かんじるさんすう１・２・３」「わかる算数６年生」NHK 総合テレビ「課外授業ようこそ先輩」などの企画及び出演。タイやシンガポールの APEC 国際会議、数学教育国際会議（メキシコ ICME11）、米国スタンフォード大学、ミルズ大学、またイスラエルや中米ホンジュラス、最近ではデンマークでも現地の子どもたちとのデモンストレーション授業や講演などを行っている。

［主な著書］
『算数的表現力を育てる授業』『使える算数的表現法が育つ授業』『プレミアム講座ライブ田中博史の算数授業のつくり方』『語り始めの言葉「たとえば」で深まる算数授業』『子どもが変わる接し方』『子どもが変わる授業』（いずれも東洋館出版社）、『田中博史のおいしい算数授業レシピ』『田中博史の楽しくて力がつく算数授業 55 の知恵』『対話でつくる算数授業』（いずれも文溪堂）他多数。

その他、子ども向け著作『算数忍者』シリーズ（文溪堂）、『絵解き文章題』『４マス関係表で解く文章題』（学研）などの家庭向け学習ドリル、また「ビジュアル文章題カルタ」「ビジュアル九九カルタ」「ビジュアル分数トランプ」「算数の力」（文溪堂）などの学校向け教材・教具開発など多数。

桂　聖（かつら・さとし）

1965年山口県生まれ。山口大学教育学部卒業、放送大学大学院文化科学研究科教育開発プログラム修了、修士（学術）。山口県公立小、山口大学教育学部附属山口小、広島大学附属小、東京学芸大学附属小金井小教諭を経て2006年より筑波大学附属小学校教諭。筑波大学非常勤講師兼任。日本授業UD学会理事長、全国国語授業研究会理事、くどうなおこ研究会事務局、低学年の「心」を開く研究会事務局、教師の“知恵”.net事務局、『子どもと創る「国語の授業」』編集委員、光村図書「小学校国語教科書」編集委員なども務める。授業のユニバーサルデザイン研究（特別支援教育の視点を取り入れた通常学級の授業づくり）をライフワークにしている。

[主な著書]

『国語授業のユニバーサルデザイン』『論理が身につく「考える音読」の授業 文学アイデア50』『論理が身につく「考える音読」の授業 説明文アイデア50』『教材に「しかけ」をつくる国語授業10の方法 文学アイデア50』『教材に「しかけ」をつくる国語授業10の方法 説明文アイデア50』（いずれも東洋館出版社）、『フリートークで読みを深める文学の授業』『クイズトーク・フリートークで育つ話し合う力』『フリートークでつくる文学・説明文の授業』『国語授業UDのつくり方・見方』（いずれも学事出版）他多数。

その他、子ども向け著作『なぞらずにうまくなる 子どものひらがな練習帳』『なぞらずにうまくなる 子どものカタカナ練習帳』『「ことば力」が身につく！小1～小3 語彙力アップ・パズル』『「ことば力」が身につく！小3・小4 語彙力アップ・パズル』（実務教育出版）、『考える力をのばす！ 読解力アップゲーム1 説明文編』（学習研究社）他多数。

編 集 協 力：池田直子（株式会社 装文社）
デザイン・DTP：有限会社 野澤デザインスタジオ／菅原純子（スガワラデザイン）
写　　　真：佐藤正三（株式会社 スタジオオレンジ）

ドキュメント　算数・国語の
「全員参加」授業をつくる

2016年7月　第1刷発行

著　　者　田中博史・桂　聖
発 行 者　川元行雄
発 行 所　株式会社文溪堂
東京本社／東京都文京区大塚 3-16-12　〒112-8635
TEL（03）5976-1311（代）
岐阜本社／岐阜県羽島市江吉良町江中 7-1　〒501-6297
TEL（058）398-1111（代）
大阪支社／大阪府東大阪市今米 2-7-24　〒578-0903
TEL（072）966-2111（代）
ぶんけいホームページ　http://www.bunkei.co.jp/

印刷・製本　サンメッセ株式会社

ISBN978-4-7999-0175-5　NDC375　96P　257mm × 182mm